高等院校"十三五"规划教材

中级财务管理学

王兴球　编著

合肥工业大学出版社

图书在版编目(CIP)数据

中级财务管理学/王兴球编著. —合肥:合肥工业大学出版社,2016.8
ISBN 978 - 7 - 5650 - 2956 - 1

Ⅰ.①中…　Ⅱ.①王…　Ⅲ.①财务管理—高等学校—教材　Ⅳ.①F275

中国版本图书馆 CIP 数据核字(2016)第 203940 号

中级财务管理学

编著　王兴球		责任编辑　吴毅明　刘　欢	
出　版	合肥工业大学出版社	版　次	2016 年 8 月第 1 版
地　址	合肥市屯溪路 193 号	印　次	2017 年 1 月第 1 次印刷
邮　编	230009	开　本	787 毫米×1092 毫米　1/16
电　话	综合编辑部:0551 - 62903028	印　张	10.25
	市场营销部:0551 - 62903198	字　数	184 千字
网　址	www.hfutpress.com.cn	印　刷	安徽昶颉包装印务有限责任公司
E-mail	hfutpress@163.com	发　行	全国新华书店

ISBN 978 - 7 - 5650 - 2956 - 1　　　　定价：24.00 元

如果有影响阅读的印装质量问题,请与出版社市场营销部联系调换。

前　言

我从事日常的财务管理学相关课程教学十多年来,常常会对以下三个问题产生疑惑:

首先,财务管理学各层次内容的划分。一般地,财务管理学可以划分为财务管理学基础、中级财务管理、高级财务管理,对于这一点大家已经形成共识,因为只有这样划分,才能便利地满足不同专业学生的需求。譬如,财务管理、会计专业的学生要学习这三个层次的内容,而对于工商管理、MBA 的学生可能只需要学习财务管理学基础。但是,另一方面,不同的人对不同层次的财务管理包含的内容又意见相左、分歧较大,在这里,本书主张进行以下划分:

表 1　财务管理各层次内容

财务管理学基础	中级财务管理学	高级财务管理学
货币时间价值和风险价值	资本市场效率	并购
资产价值评估	资本结构理论	企业集团财务管理
财务分析	企业价值评估	中小企业财务管理
筹资决策	特殊的筹资方式	行政事业单位财务管理
投资决策	风险	NGO 财务管理
股利分配决策	期货、期权	财务危机管理
营运资金决策	—	—

其实,任何人为的划分都难以隔离它们内在的联系,譬如,价值评估在三个层次中都会出现:财务管理学基础部分描述的是证券价值评估、中级财务管理学部分描述的是企业价值评估、高级财务管理学部分描述的是并购过程中的价值评估,之所以有这种联系,是因为它们都统一于财务管理学价值目标理论。

其次,在我国财务管理学教学过程中如何把西方财务管理理论和我国实际结合起来。譬如,美国和我国资本市场效率不同、我国上市公司目标资本结构和国外经验得出的资本结构理论相背离、企业价值评估客观性程度问题等。要解决这些问题,不得不重新思考目前我国国内的经济发展阶段、GDP 增长率、企业家的创业创富激情、我国投资者行为、资本市场法律法规的完善程度、信息披露程度等,脱离我国实际而单纯学习西方财务理论并用之于我国企业财务管理就像纸上谈兵一样。

但是,把西方财务理论和我国实际相结合的实施过程异常艰难。譬如,流动比率的标准比率一般为2,但在我国债权人目前处于弱势、债权没有形成刚性约束(所谓债权刚性约束,是指只要企业没有按期偿债,企业就会因为债权人向法院提出诉讼而破产来保护债权)的条件下,流动比率又是多少? 又如,国外的股权资本成本率高于债权资本成本率,而我国目前上市公司 IPO 筹资的股权资本成本率反而低于债权资本成本率,如何理解这种矛盾并理顺由这一矛盾而导致的一系列悖论? 这些结合问题在之前的教学和研究过程中逐步积累了一些,并在本书中做了一些总结。

最后,理论的实用性问题。财务理论从企业实践中总结出来,最后还要服务和指导企业的实践。财务管理学基础提供了企业财务管理决策方法,犹如教练教会我们如何开车,如何前进、后退、侧方位停车、倒库等;中级财务管理学让我们掌握财务管理理论,犹如让我们掌握汽车的运行规律,把握汽车的刹车系统、照明系统、动力系统、变速系统、底盘系统的构造;而高级财务管理则是处理企业特殊的财务管理决策,犹如车胎漏气的处理、如何紧急避让、遇到积水的处理、在山路如何驾驶等。其他经管类的学生犹如一般驾驶员,财会类的犹如汽车售后维修人员,我们是否应该向财务管理和会计专业的学生讲授中级财务管理学的财务理论? 犹如是否有必要让每个维修人员都掌握汽车的运行规律一样。

这实际上是财务管理专业培养目标的问题,我们的目标是把学生培养成一个企业的财务管理职员,还是把学生培养成企业的首席财务官(CFO),显然,可能只有1‰的学生未来会成为企业的CFO,会用到中级财务管理理论,为了1‰的学生未来的发展让所有的学生学习中级财务管理学有这种必要性吗? 因此,本书尽量用浅显的语言来描述中级财务管理学的财务理论,虽然我们大多数人只要懂得驾驶技术和紧急情况的处理方法就行了,但掌握汽车的运行规律会让我们驾驶技术更好,更能正确处理紧急情况。

王兴球

2016 年 5 月

目　　录

第一章 资本市场效率理论

本章学习目标：

● 掌握资本市场效率的概念；

● 掌握尤金·法玛对资本市场效率层次的划分、各层次特点、检验方法、启示；

● 理解我国资本市场效率层次。

一、关于资本市场的基本概念

1. 资本市场：企业筹集资本和资本流通的市场，它是金融市场重要构成部分，它和其他市场关系如图 1-1 所示。

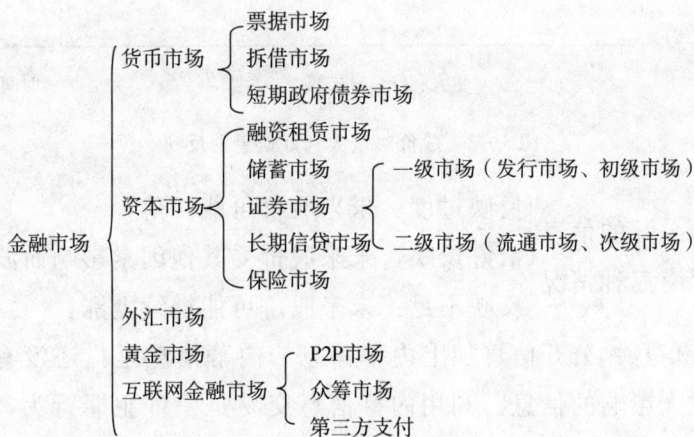

图 1-1 金融市场结构

2. 资本市场效率：资本市场中资产价格对所能获得的信息的反映程度。

3. 信息：可能影响企业经营和发展的信息构成了该企业的相关信息。

（1）历史信息：已经作用于或充分反映在资产价格上的信息。如前期已经信息披露的预告的财报的发布、历史的资产交易价格（K线图）、以前的财务报表、几个月前关于公司的新闻、上月公告的季报等。

（2）公开信息：历史信息加新公开的信息。新公开的信息是指还没有作用到股价上、上个交易日结束后公开的信息。以新公开的重大利好信息为例，未来股价对新公开的重大利好信息反映可能会出现的变化如图 1-3 所示。

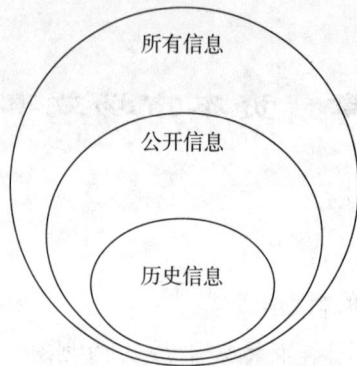

图 1-2　信息层次关系图

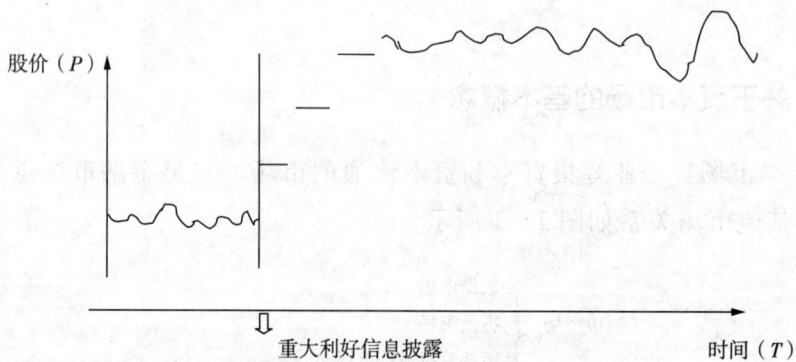

图 1-3　股价对重大利好信息的反映

股价对新公开的信息
反映结果有三种情况
$\begin{cases} \text{反映过度：未来股价可能回落；} \\ \text{恰好反映：未来股价受其他因素影响而波动；} \\ \text{反映不足：未来股价可能继续上涨。} \end{cases}$

（3）所有信息：公开信息加上内幕信息。内幕信息是指还没有公告的可能对股价产生重大影响的信息。利用内幕信息交易是一种犯罪行为，因为这种交易违反了"三公"原则，让参与市场交易方处于不平等的地位。

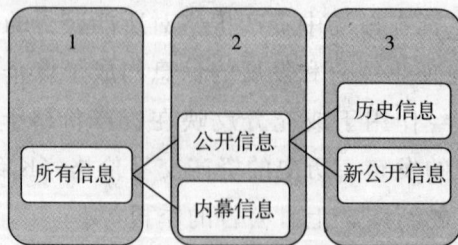

图 1-4　信息之间的关系

二、Eugene F Fama 对有效市场假说（EMH）研究的理论贡献

资本市场效率理论主要探讨在该市场中交易的资产价格对相关信息反映的程度，如果资产价格反映所能接收的信息、并对新信息做出迅速的反映，则该资本市场是有效率的市场。对该理论贡献显著的是 Eugene F Fama，他把资本市场效率划分为三个层次或水平，并对各个层次的资本市场内涵、特点、检验方法等做了系统的研究。

（一）Eugene F Fama 其人

20 世纪初，尤金·法玛（Eugene F Fama）的祖父母从意大利的西西里岛到达美国波士顿。1939 年 2 月 14 日，法玛出生在美国马萨诸塞州波士顿，成长于波士顿的一个工人阶层社区，后来在一所天主教教会学校上高中。1956 年，17 岁的法玛进入 Tufts 学习法语，第三年转修经济学课程。法玛在 Tufts 大学遇到了哈里·恩斯特（Harry Ernst）教授，当时，恩斯特正在做股票市场预测的研究，恩斯特雇他作为基金的研究助理，研究股价交易模式运行规律和营利性交易策略。1960 年修业期满，法玛到芝加哥大学学习。

法玛进入芝加哥大学的第二年，在米勒的指导下做关于股票市场价格行为的博士论文研究；1965 年，博士论文的成果分别发表在《商业杂志》和《金融分析家杂志》上，与萨缪尔森等人一同开启了有效市场理论的研究。

在法玛的框架中，追求自身利益最大化的理性投资者相互竞争，都试图预测单只股票未来的市场价格，所以竞争导致单只股票的市场价格反映了已经发生和尚未发生、但市场预期会发生的事情。在一个有效的证券市场，由于信息对每个投资者都是均等的，因此任何投资者都不可能通过信息处理获取超额收益，即信息不能被用来在市场上获利，这就是著名的有效市场假说。法玛 1966 年又在《商业杂志》发表文章，以 1957－1962 年道琼斯工业指数的 30 只股票的样本对先前的研究进行修正，新的研究结果仍然支持他们原来的论点，即各期股价不存在相关性。

法玛的研究将竞争均衡引入资本市场研究，为后期资本资产定价模型等研究奠定了基础。风险和收益的关系一直是投资理论的主要内容，但真正指明二者关系还在于有效市场假说的提出，二者之间均衡关系确立的过程就是资本资产定价形成的过程。"我相信，经济学中没有其他命题能够像有效市场假说一样得到如此之多而坚实的经济证据支持。"这是经济学家迈克尔·詹森（Michael C Jensen）在 1978 年的著名论断，也有很多专业投资者和基金经理笃信有效市场理论，造就了资产达数万亿美元的保守型指数投资基金，因为这些指数基金

的管理者认为，既然资本市场有效，资产价格已经反映了信息，任何试图通过对信息处理获得超额收益是不可能的，不如被动地跟随指数进行投资，反而可以避免因频繁操作而带来的失误所导致的损失。

1970 年，法玛在《金融》杂志上发表了关于 EMH 的经典论文《有效资本市场：理论与实证研究回顾》（Eugene F Fama，Efficient Capital Markets：A Review of Theory and Empirical Work［J］，The Journal of Finance，1970），该论文不仅对过去有关 EMH 的研究作了系统的总结，还提出了研究 EMH 的一个完整的理论框架。EMH 实际上是亚当·斯密"看不见的手"在金融市场的延伸，EMH 的成立，保证了金融理论的适用性，是经典金融经济学的基础。

2013 年，尤金·法玛、芝加哥大学教授拉尔斯·皮特·汉森以及美国经济学家罗伯特·J·席勒共享当年的诺贝尔经济学奖。

（二）Eugene. F. Fama 的理论

Eugene. F. Fama 的理论主要体现在他对资本市场效率层次（水平）的划分上，他根据资产价格对信息的反映程度把资本市场划分为三个层次：弱势有效市场、次强势有效市场、强势有效市场。

1. 弱势有效市场

定义：在资本市场中，如果资产价格已经反映历史信息，或者利用历史信息不能获得超额收益，则该市场为弱势有效市场。

检验：检验某个资本市场是否为弱势有效市场，通常使用"对股票价格技术分析能否获得超额收益"来检验，因为股票价格是市场交易的结果，是历史信息。利用滤网规则能否获得超额收益、基金经理利用技术分析决定的交易原则取得的业绩能否战胜指数基金经理简单购买－持有原则取得的业绩。

结论：几乎所有资本市场都是弱势有效市场。因为经过实证之后发现，在利用滤网规则交易时，如果 $x\%$ 设置过小，会导致频繁交易，客观存在的交易税费（印花税和佣金）抵消了低买高卖获得的差价收益；如果 $x\%$ 设置过大，股价已经上涨了相当的幅度，买后股价继续向上还是向下是等概率事件，也获得不了超额收益。滤网规则在利用股价这一历史信息进行交易是无效的，这说明股价的随机行走（Random Walk）和不同时点的股价是无关的。

2. 次强势有效市场

定义：如果股价已经反映了公开信息，或者说利用公开信息不能获得额外收益，则说明该市场是次强势有效的。

检验：检验某资本市场是否是次强势有效，关键看利用新公开信息进行交易是否能够获得超额收益。如图 1－3 所示，当一重大利好信息在休市后公布

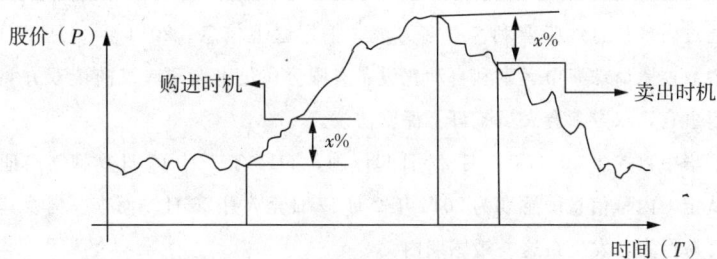

图 1-5　技术交易派的滤网规则

后，国内由于存在涨跌停板制度，在接下来几个交易日可能会出现连续涨停状态，投资者难以根据信息买进，当不再涨停买进后，可能是股价对利好信息反映不足或反映过度，前者买进后可以获得超额收益，而后者买进后面临股价回落而遭受额外损失。

结论：利用新公开信息买卖股票，长期来看并不能获得超额收益，所以大部分资本市场都是次强势有效的。因此，利用事件进行投资并不是明智之举，股票投资时守株待兔不失为一种聪明的策略。

3. 强势有效市场

定义：如果股价已经反映了所有信息（包括内幕信息），或者说，利用内幕信息也不能获得超额收益，则该市场是强势有效的。

检验：利用内幕信息能否获得超额收益。在所有国家资本市场中，利用内幕信息都能够获得超额收益，因为内幕信息是还没有公开的但对股价会产生重大影响的信息，如果某一投资者事先得知内幕信息而提前买进（重大利好内幕信息）或提前卖出（重大利差内幕信息），总可以获得超额收益。

结论：所有市场都不是强势有效的。因此，在所有国家资本市场中，利用内幕信息进行交易都是一种犯罪行为，因为内幕信息的利用者由于掌握优势信息使其与不掌握内幕信息的投资者处于不平等的地位，在资本市场上违背了"三公"原则，在理论上违背了"所有投资者获得的信息完全一样"的假设，在法律上违背了"投资者不得利用内幕信息进行交易"的禁止性规定。这样，不难理解利用内幕信息远远战胜市场，获得超额收益的"徐翔们"不断地被发现并被刑拘起来。

李一男涉嫌内幕交易罪

2016 年 3 月 16 日消息，因涉嫌内幕交易罪，46 岁的牛电科技 CEO 李一男于 3 月 15 日在深圳市中级人民法院受审。检方指控称，李一男及其妹妹通过内幕消息炒股获利 700 多万元。根据庭上信息，2014 年 2 月 17 日，华中数控邀请珠海市运泰利自动化设备有限公司负责人到武汉商谈双方并购重组事宜，双方参会人员签订了保密协议。

华中数控于 2014 年 5 月 27 日起停牌，2014 年 9 月 11 日复牌。经证监会认定，内幕信息敏感期为 2014 年 2 月 17 日至 5 月 26 日。而李一男及其亲属交易行为，发生在这一敏感期内。

检方指控称，李一男之所以选股精准，是因在华中数控并购重组的内幕信息敏感期内，与华中数控总裁李晓涛多次联络、接触。李一男与李晓涛系大学校友，两人也曾在华为共事。但李一男在庭上称自己与李晓涛私交一般，且从未从李晓涛处获取内幕消息，他买卖华中数控股票，与自己一贯的投资风格相符合，从未暗示妹妹买入这只股票。

三、案例：我国股票市场是次强势有效的

在 2015 年上半年，资本市场一个显著的特点是呈现牛市特征，又因为"一带一路"国家战略的提出，从而铁路建设类的股票价格暴涨，同时，企业自身因素：中国南车和中国北车又宣布合并，两只股票价格快速上涨。

在 A 点，由于 2014 年 12 月 31 日中国南车披露与中国北车合并方案导致股价连续涨停，没有持有南车的股票只有在 B 点股价打开涨停的时候买入，持有一段时间到达次高点时候卖出可以获得超额收益。回落时候买进，在 C 点，2015 年 3 月 27 日停牌，2015 年 4 月 7 日中国证监会上市公司并购重组委员会审核通过并复牌股价又连续涨停，没有持有该股票的投资者只能在 D 点买入并持有一段时间显然也可以获得超额收益。这个案例说明，在 B 点和 D 点利用公开信息买入股票似乎可以获得超额收益。

但是，常常也有相反的案例。

如图 1-6 所示，华自科技在 1 月份成功 IPO 并登陆创业板进行交易，对于这种新股不论公司状况如何都会连续涨停，投资者如果没有在公司 IPO 时申购或申购没有中签，想拥有该股票，在股票第一次打开涨停时买入并持有一段时间显然会遭受到额外损失。对于该股票，新股上市交易是一个公开信息，当股价连续涨停时可能已经过度反映了该公司股票价值，再买入就会受到损失。

这样看来，利用公开信息进行交易有时会获得额外收益，有时又会遭受额外损失。在中国南车的例子中，适逢股市牛市、"一带一路"国家战略的影响、两企业成功合并使得利用公开信息能够获得超额收益；而在华自科技的例子中，由于打开涨停的时候，GDP 下降、PMI 低于荣枯线和股市整体价格在不断回落

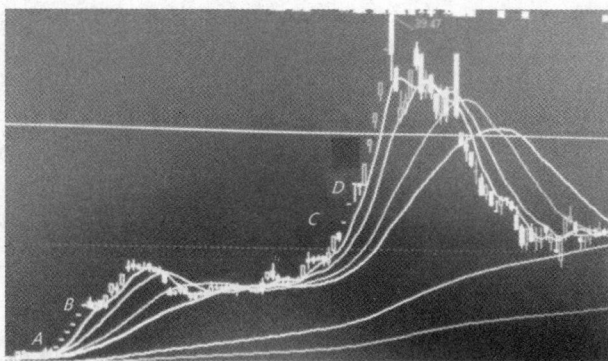

图 1-6 合并前后中国中车 K 线图（2014.10－2015.7）

导致遭受额外损失。因此，公开信息本身并没有决定在公开信息作用于股价后的未来走势，反而其他因素显著影响了在公开信息影响股价结束后的未来走势。因此可以得出结论，在我国股票市场中，长期来看，利用公开信息进行交易，并不能获得超额收益。因此，我国股票市场是次强势有效的。

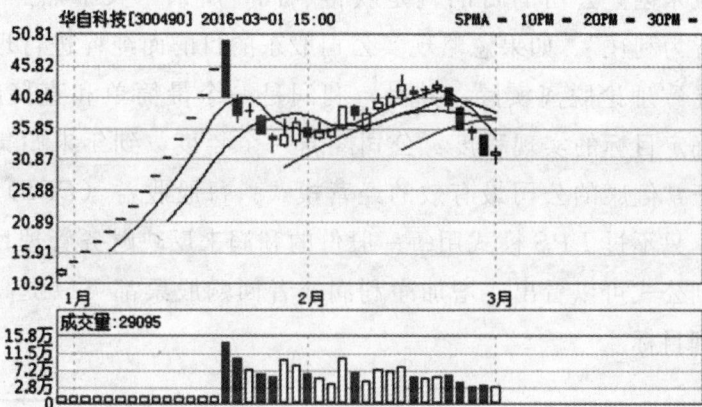

图 1-7 华自科技股价 K 线图

结合案例思考如下问题：

1. 对中国中车和华自科技股价造成影响的新信息分别是什么？

2. 中国中车和华自科技股价对公开信息反映的异同。

3. 影响中国中车和华自科技股价的因素分别是什么？它们共同影响因素是什么？又有哪些因素不同？

4. 结合上面两个公司股价面对公开信息的反映，如何理解我国股票市场是次强势有效的？

5. 假设你要购买股票进行投资，从这两个案例得到什么启示？

第二章　公司财务管理目标的选择

在理论界，有几种经常被讨论的公司财务管理的目标模式：利润模式、股东财富模式和企业价值模式。不同的目标模式的选择有各自的依据，但最终较为理性的选择结果是企业价值模式。

一、对于目标模式的讨论

（一）利润模式

利润模式就是公司财务管理人员应该选择利润最大化作为财务管理决策的目标，因为股东创立公司的目的就是获得利润，所谓"天下熙熙，皆为利来；天下攘攘，皆为利往"。如果忽略现实公司股东的目的而纯粹进行理论研究选择其他模式会导致理论脱离实际，并且，利润是一个最简单和直接的决策目标，易于核算和确定目标的实现程度：公司经营一个年度，到年末归集利润、分配利润是一种正常健康的公司最有效的经营模式。每股收益（EPS）模式是利润模式的特例，只不过 EPS 模式用每一股份的利润来反映财务管理目标的实现程度。通过下列公式可以看出，增加净利润或者回购股票都可以提高 EPS，从而实现财务管理目标。

$$EPS = f\,(EBIT)$$

$EPS =$（净利润－优先股股利）/发行在外的普通股数

$\quad = $［（$EBIT$－利息）（$1-T$）－优先股股利］/发行在外的普通股数

其中，$EBIT$：息税前利润，T：公司所得税税率

但是，利润模式作为财务管理的目标显然也有其缺点，首先是易导致公司决策者的短期行为，就是管理者为了追求企业短期财务目标的实现而忽略了企业长远的发展，比如通过减少研发费用投入提高当期利润但影响了企业创新和可持续发展，如柯达、诺基亚、三鹿等企业，它们失败的原因很多，但共同的原因是：首先，为了追求短期利润，或没有及时创新、更新产品，或因循守旧、夜郎自大，或品质降低、掺假制假；其次，利润其实是个最容易受到操纵的财

务指标，管理者可能出于某种目的通过关联交易、虚假销售、准备计提、过度的盈余管理等来操纵利润实现财务管理目标，但本质上没有实现财务管理目标；最后，从企业应该承担的社会责任来讲，如果公司只是单纯地追求利润，有可能会忽视了应该承担的社会责任甚至出现违法行为，如为降低生产成本可能污染环境、克扣工人工资、偷税漏税等。

因此，理论上财务管理的目标不应该是利润最大化。

（二）股东财富模式

股东财富就是股东持有的股票价格总和，即某个股东的股东财富是该股东拥有的股数和股价之积（股价×股票数量），一个公司所有的股东拥有的财富就是公司市值（股价×总股本数）。主张财务管理目标应该为股东财富最大化的人认为，企业持续经营的结果就是不断增加股东财富，如果企业的持续经营不能增加股东财富，股东就会出售股票或者解散企业，前者会导致股价下跌，下跌到一定程度容易被其他企业收购，而后者企业也会终止，这两种结果都不应该是一个健康的公司应该有的命运。

同时，股东大会作为公司的最高权力机关，任何决策必然有利于股价的提高和股东财富的增加，即使理论上不把股东财富最大化作为财务管理的目标，企业实际财务决策的目标也是股东财富最大化。最典型的例子是公司常常会并购热门行业的企业，这样资本市场的投资者会追逐公司的股票，从而导致股价上升，短期内股东财富增加，虽然这些收购有时并不能促进公司未来持续快速的发展，甚至并购吞下的是一个恶果而使企业蒙受潜在的巨大的损失。

作为股东财富模式的特例，大股东财富最大化模式有时候在现实中也客观存在，特别是大股东行为侵害小股东利益的时候，虽然此时维护小股东利益的独立董事制度理论上避免了此类侵害事件的发生，但实践中独立董事常常因为自身利益的考虑会和大股东并肩合作侵害小股东利益，而小股东由于信息不对称无法了解这些侵害行为正在发生。

当然，由于股东财富会随着股票价格频繁地变化而变化，尽管这些变化并不是企业自身的因素或外部因素的变化导致的，可能就是投资者情绪、庄家操纵、股本变化等导致股价波动，股东财富因此而波动，似乎企业财务管理目标的实现程度受到影响，因此，可以用更稳定的股权价值模式代替股东财富模式。股东财富（股票价格）就是股权价值的市场表现，而股权价值是公司未来产生股权自由现金流量的现值或未来股利现值。有其利必有其弊，股权价值并不容易评估，因为未来不可知。

但是，不论股东财富还是股权价值都不宜作为财务管理的目标，因为这还涉及企业另外一类重要的利益相关者：债权人。股东财富或股权价值模式只强调股东利益而忽略债权人利益，势必会损害债权人利益，债权人会提前收回债权，其结果是企业资本结构并不合理，进而损害企业盈利能力，最终并不能实现股东财富或股权价值最大化财务管理目标。

因此，理论上并不把股东财富或股权价值模式作为财务管理的目标。

（三）企业价值模式

更多的观点支持财务管理的目标应该为企业价值最大化的模式，要讲清楚这个问题，首先应该明白什么是企业价值。

定义：企业价值（V）＝债权价值（B）＋股权价值（S）

债权价值就是债权人在未来获得的利息现值和偿还的本金的现值之和，它反映的是企业在未来持续经营期间为债权人创造的价值；股权价值的定义有多种方法，可以使用股东未来获得的股利的现值进行定义，也可以用股权自由现金流量的现值进行定义，不论如何定义，股权价值就是企业在未来持续经营期间为股东创造的价值。

这样看来，企业价值就是企业在未来持续经营期间为债权人和股东创造的价值之和，债权人和股东都是企业的投资者，他们都希望从企业持续经营过程中源源不断地获得价值的源泉——现金流量，只不过债权人获得的是利息和本金的形式，而股东获得的是股利形式。

实践反复证明，如果只强调股东利益（也就是股东财富模式），势必会侵害债权人的利益，债权人会提前收回债权，这样会导致企业资本结构不合理，失去了财务杠杆作用后的股东收益可能会下降，最终殃及股东财富，正所谓城门失火，殃及池鱼；当然，如果只强调保护债权价值，股东更不愿意。所以，企业既要考虑股东财富的利益，实现股权价值的不断提高，也要确保债权人在未来获得的债权价值，让股权价值和债权价值之和即企业价值最大化，方能实现企业持续经营、健康发展，成为百年老店。

当然，在企业经营过程中，如果只考虑股东和债权人的价值，势必会引起其他利益相关者的不满和反对，这样在制度设计时，要兼顾其他利益相关者的利益。譬如，股票期权激励计划保护了管理者的利益；企业员工持股计划有利于保持员工长期稳定；还要考虑政府、当地居民、供应商、客户等群体的利益，只有这样，企业才能拥有一个有利于企业经营和发展的环境。

可见，要实现企业可持续发展和价值创造，必须要让企业利益相关者都各有所得、各取所需，如表 2-1 所列，获得与自己所承担风险相均衡的收益，实现各自的目标，这是企业获得一个稳定发展的有利环境的前提。

综上，公司财务管理的目标应该是企业价值最大化模式，这样避免了利润目标模式的短期行为，股东财富最大化模式下可能损害其他利益相关者的决策。但是，另一方面，企业还要兼顾其他利益相关者的利益，否则，企业会在一个充满矛盾的环境中生产运营，矛盾激化的结果是企业日常运营受到影响，甚至破产。譬如，损害管理者利益，管理者会跳槽，没有一个稳定的管理者队伍，企业执行力会没有效率；普通员工利益得不到保护，会出现怠工、罢工等结果；损害政府利益，如偷税漏税是违法犯罪行为，如污染环境则可直接关停并转；客户和供应商利益也要保护，否则企业生产、销售等日常营运也会受到影响。

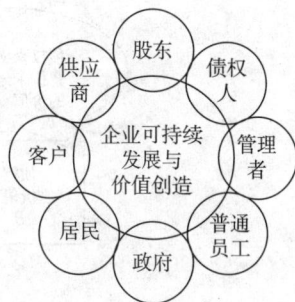

图 2-1 企业利益相关者

表 2-1 企业利益相关者目标

股东	债权人	管理者	普通员工	政府	居民	客户	供应商
股东财富增加 企业持续发展	获得稳定利息 到期本金偿还	薪水 社会认可 职务消费 休闲	工资 技能提升 职业发展	税收 GDP 就业率 环境保护	优良环境 工作机会 创业协同	质高价廉的商品 推迟货款 售后服务	稳定销售 及时回款

因此，企业财务管理的目标是企业价值创造，或者是不断提高企业价值，同时要兼顾利益相关者的利益。换句话说，可以在假设其他利益相关者利益得到保护的条件下，不断地持续地提高企业价值。

二、企业价值

企业价值是由债权人所获得的债权价值和股东所获得的股权价值构成，如图2-2所示。

一般情况下，和股东相比，由于债权人要求获得的利息稳定性和剩余财产求偿权的优先性，因此可假设债权人所拥有的债权价值是没有风险的，或简称为无风险债权；而股东所享受的股权价值是有风险的。

评估企业价值有多种方法，在讨论企业财务管理目标时，先用 *EBIT* 模式来讨论。

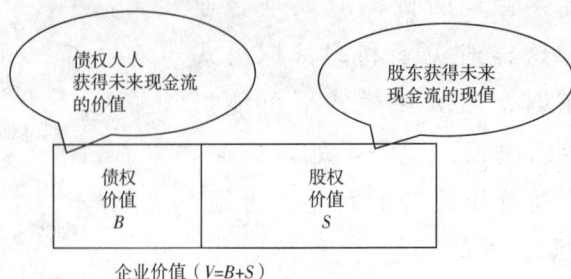

图 2-2 企业价值构成示意图

企业价值的 EBIT 模式

依据企业价值定义：

$$V = B + S$$

$$= B + \sum_{t=1}^{\infty} \frac{(EBIT - B \times K_b)(1-T)}{(1+K_s)^t}$$

其中，$EBIT$ 为息税前利润，由于假设债权无风险，因此，利息率 K_b 为无风险收益率，T 为公司所得税率，K_s 为股权资金成本率。

显然，财务管理和财务决策的目标就是让上面两个企业价值的等式达到最大：资本结构的权衡理论认为，存在一个最佳资本结构（$B:S$）使得 V 最大；投资项目决策寻找 $EBIT$ 不断得到提高的项目；尽量获得所得税优惠从而可以有效降低所得税税率 T；当然，有效控制企业的经营风险和财务风险可以降低股权资金成本率 K_s。

三、公司财务管理目标的实现

可以说，企业财务管理的所有的行为都是而且应该为实现财务管理目标（企业价值最大化）而做出的。企业财务管理人员应该树立的价值观念、财务管理决策原则、财务决策方法等都要符合实现财务管理目标的要求。

（一）财务管理人员必须树立的两大价值观念

要实现财务管理目标，即企业价值最大化，财务管理人员在进行财务决策的时候必须要树立两大财务管理观念：货币时间价值观念和风险价值观念。什么是观念？譬如，"男生留短发，女生留长发"是我们的传统观念，我们以此来判断性别有时候会出现错误，但假设再没有其他方法据以做出决策，用这种传统观念来进行决策会发现常常是正确的。货币时间价值就是货币经过一段时间不承担任何风险而增值的本性，具体体现为纯利率或无风险报酬率，例如"早

图 2-3 财务管理目标实现解构图

收晚付、现值、资产价值、按揭贷款的偿还"等都是货币时间价值的应用；而风险价值则是任何投资者只要承担风险就要求的风险补偿或称为风险报酬率，例如以下公式都体现出投资者除了要求获得货币时间价值（无风险收益率、纯利率）外还因为额外承担风险而要求获得的额外的风险价值补偿：

反映必要报酬率相关公式

1. 利率＝纯利率＋通货膨胀率＋风险收益率，反映投资者要求的必要报酬率的构成部分；

2. 必要报酬率＝R_f+b_v，用过去资产价格收益率的标准差率来反映风险和投资者要求的必要报酬率；

3. $CAPM$：$R_i=R_f+\beta_i(R_m-R_f)$，资本资产定价模型揭示投资者必要报酬率和无风险报酬率、市场平均报酬率和β系数之间的关系。

企业破产的主要原因是不能清偿到期债务，只要企业有或者及时筹集到足够多的现金流量来偿还到期债务，企业就不会破产，度过财务困境、实现持续经营，因此，有人认为现金流量也很重要，主张把现金流量观念作为第三种观念。其实，企业如果未能及时偿还到期债务，说明企业没有控制好财务风险。企业面临的各种风险关系如图 2-4 所示。

（二）财务决策时应该遵循的原则

企业自主地参与自由的市场竞争，优胜劣汰，因此，首先财务决策要有利

图 2-4　企业风险构成

于充分地促进企业竞争能力的提高。企业要和行业内的竞争对手竞争客户、供应商、技术、售后服务、熟练的员工以及声誉等，竞争客户就要求财务管理人员制定适当的信用条件、信用标准以及其他销售策略；我们不但要决定原材料的每次采购量、再订货点和安全储备量，还要确定是否应该享受供应商提供的优惠条件甚至是更换供应商；财务决策要激励技术不断超越竞争对手，产品优于竞争对手的产品自然会导致我们企业市场占有率的提高；同时，财务决策也要有利于售后服务的改善、熟练员工的长期稳定的工作以及我们企业声誉的提升。

　　其次，企业财务管理目标的实现根本途径是创新。创新，表现为技术进步、产品升级、管理创新、销售模式创新等，创新有可能会出现失败，但不创新，必然会被淘汰。只有创新，才能提高产品竞争力和培养忠实的客户，任何因循守旧、不思改变、萧规曹随式的企业经营策略最终导致企业会被淘汰，或破产或被并购。乔布斯时代的苹果公司之所以拥有大量的"果粉"，一方面，是因为苹果手机的出现不但改变了原来手机僵化的操作系统，给我们带来耳目一新的感受体验，而且不断的升级换代体现出公司的永不停止的创新精神和"果粉"们高山仰止式的顶礼膜拜；另一方面，曾经的诺基亚和摩托罗拉因为没有持续地否定自己的创新而最终落个被收购的结局，同样，如果未来苹果公司创新停止或创新枯竭，也逃脱不了衰落的命运。

　　最后，企业财务管理人员要遵循财务交易原则：风险－报酬相均衡原则、投资分散化原则、资本市场有效原则。风险就是未来收益的波动性程度，风险越高，收益的波动性越大，资产按风险－报酬从小到大来进行排列如图 2-5 所示，试图获得高于无风险报酬又不想承担并应对风险的想法是不切合实际的，因为，如果没有风险，那么只能获得无风险收益率。投资分散化原则其实更多的指的是间接投资（证券投资），因为对于直接投资（实业投资）过于分散可能会导致核心竞争力下降、规模过大而导致规模不经济等后果。在间接投资领域，不把鸡蛋放在一个篮子里就是投资分散化的通俗说法，投资组合理论就描述了合理的资产组合可以在获得一定收益的同时有效地降低资产的组合风险。

$$
资产组合\begin{cases} 收益：R_p = \sum W_i \times R_i \\ 风险：\sigma_p^2 = \sum \sum W_j W_k \sigma_{jk} \end{cases}
$$

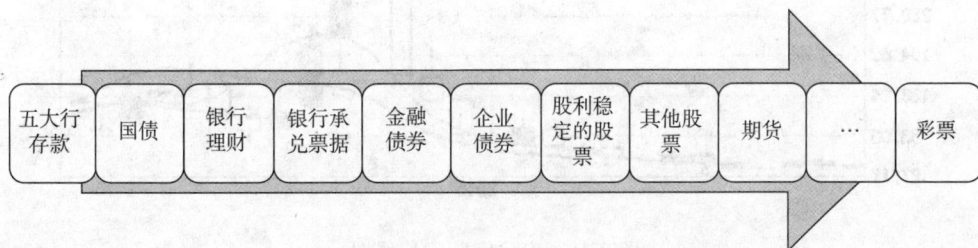

| 五大行存款 | 国债 | 银行理财 | 银行承兑票据 | 金融债券 | 企业债券 | 股利稳定的股票 | 其他股票 | 期货 | … | 彩票 |

图 2-5　资产风险-报酬排列示意图

资本市场是有效的，也就是说，在基于无摩擦市场环境下，投资者利用公开信息是不可能获得超额收益的，因此，财务管理人员不得挪用公司资金投资高风险的资产妄图获得高收益，即使公司决定利用公司闲置资金进行证券投资也须控制投资风险而获得稳定收益，而不是去追求具有较高风险而可能获得高额报酬的证券。

至于财务管理筹资、投资、营运、分配资金等决策是为了实现财务管理目标而使用的方法，这些决策方法在基础财务管理部分中已经详尽论述了，因此，在这里不再赘述。

四、案例：安硕信息实现其财务管理目标了吗

对于上市公司，股东财富一般是其财务管理的目标，实现股东财富增长的途径主要包括送股、资本公积金转增股本、提高企业净利润水平、并购风口中的企业、股票期权等。有些措施仅仅是改变了相关数字，对于企业经营和盈利能力并不会产生影响，但短期内对于股价会产生作用，从而改变股东财富，如送股和转增股本。

从表 2-2 可以看出，安硕信息上市以来，净利润并没有增加，反而在减少，如果其财务管理目标是利润最大化，显然没有实现。但如果以股东财富作为财务管理目标，该公司实现了连续两年倍增的目标，企业价值也实现了倍增。在这里，企业价值如果用公司自由现金流量贴现法来进行计算会遇到对未来的公司自由现金流量评估的困难，因此用"市值＋负债"来近似估计。

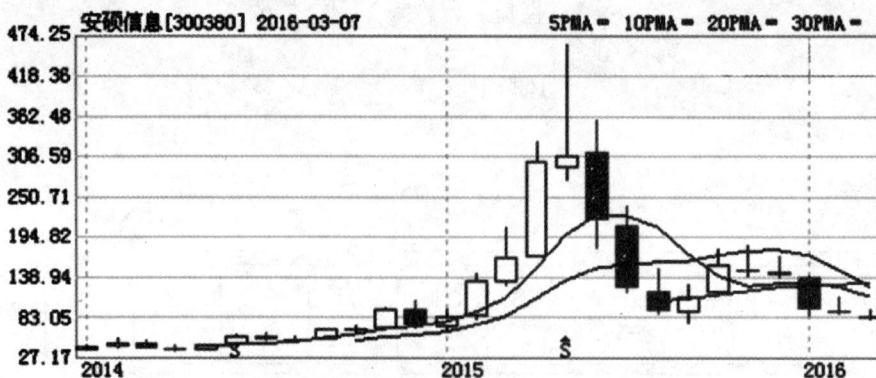

图 2-6 安硕信息月 K 线图

表 2-2 安硕信息 2013-2015 年相关财务数据 单位：万元

	2013 年	2014 年	2015 年
净利润	4649	3861	2391
股东财富（股价×股数）	34.4×6000	64.30×6872	68.99×13744
企业价值（市值+负债）	210374	445476	954113

数据来源：根据安硕信息公开的财报数据、股价信息整理所得。

但是，另一方面，安硕信息虽然取得了股东财富和企业价值倍增的目标，但是其利润目标并没有实现倍增的程度，为什么会出现这种情况呢？只能说明除了企业本身会影响股东财富和企业价值外，还有市场因素普遍对这一类互联网企业的高估值。由于安硕信息处于市场关注的焦点（风口），即市场投资者认为虽然现在企业利润不高，但未来企业会持续发展并不断增强其盈利能力，因此股价和市值正反映了投资者对企业未来的这种判断。该企业未来是否会按照投资者这种预期发展，谁能知道呢？或许，最极端的情况是明天这个公司就会破产，就像身处 2008 年 8 月谁能预测之后三鹿集团会轰然倒塌一样。

然而，从下面企业一纸公告可以看出，企业现在面临暂停上市的风险，如果企业被暂停上市、甚至是终止上市，其未来的筹资、声誉、经营肯定会受到显著影响，企业利润、股东财富、企业价值也会受到影响，这种影响从图 2-5 所反映的股价波动就可以看出。

上海安硕信息技术股份有限公司

关于股票存在暂停上市风险的提示性公告

本公司及董事会全体成员保证信息披露的内容真实、准确、完整，没有虚假记载、误导性陈述或重大遗漏。

　　重要内容提示：本公司因涉嫌违反证券法律法规，目前正在被中国证券监督管理委员会（以下简称"中国证监会"）立案调查。根据中国证监会《关于改革完善并严格实施上市公司退市制度的若干意见》和《深圳证券交易所创业板股票上市规则（2014年修订）》的有关规定，如本公司存在或涉嫌存在重大违反证券法律法规行为的，公司股票将被深圳证券交易所实施暂停上市，请广大投资者注意投资风险。

　　公司于2015年8月14日收到中国证监会调查通知书（编号：沪证专调查字2015282号）：因公司涉嫌违反证券法律法规，根据《中华人民共和国证券法》的有关规定，决定对公司进行立案调查。

　　截至本公告发布日，公司尚未收到中国证监会的最终调查结论。

　　如本公司受到中国证监会行政处罚，并且在行政处罚决定书中被认定构成重大违法行为，或者因涉嫌违规披露、不披露重要信息罪被依法移送公安机关的，公司将触及《深圳证券交易所创业板股票上市规则（2014年修订）》第13.1.1条规定的欺诈发行或者重大信息披露违法情形，公司将在知悉中国证监会做出行政处罚决定或者移送公安机关决定时向深圳证券交易所申请停牌，并在收到前述决定文件后对外公告。公司股票于公告次一交易日继续停牌一天后复牌。自公司股票复牌后三十个交易日期限届满后，公司股票将再次停牌，直至深圳证券交易所在十五个交易日内做出是否暂停本公司股票上市的决定。

　　本公司将按照《深圳证券交易所创业板股票上市规则（2014年修订）》第11.11.3条的要求，每月至少披露一次公司股票可能被暂停上市的风险提示公告。

　　请投资者持续关注本公司前述被立案调查事项和相关进展，以及公司股票因此可能被暂停上市的风险，理性投资。

　　特此公告

上海安硕信息技术股份有限公司董事会

2016年2月16日

结合案例，请回答以下问题：

　　1. 安硕信息财务管理的目标可能是什么？

　　2. 为了实现财务管理目标，收集资料来说明2013—2015年间安硕信息采取了哪些决策？

　　3. 根据以上资料，安硕信息2015年实现财务管理目标了吗？

　　4. 如何理解安硕信息实现财务管理目标与企业可持续发展的关系？

　　5. 如果用股价来反映企业财务管理目标的实现程度，如何分辨是企业内部因素还是外部因素影响了财务管理目标的实现？

第三章 资本结构理论

本章学习目标：

● 掌握无公司税模型企业价值命题、风险补偿命题、投资报酬率命题；

● 掌握有公司税模型企业价值命题、风险补偿命题、企业价值提高途径；

● 掌握米勒模型三个命题；

● 掌握权衡定理；

● 理解我国企业资本成本和资本结构理论中的资本成本差异。

　　资本结构就是企业资金来源的构成和比例关系，一般可以用股权资金和债权资金数量的比例来反映企业的资本结构，即资产负债率。

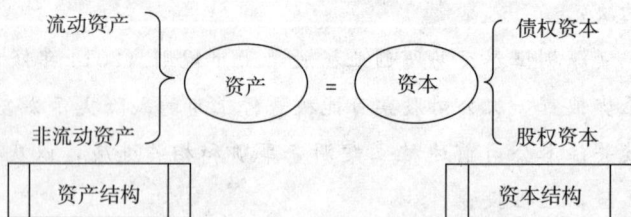

图 3-1 资本结构关系

　　资本结构理论研究三个问题：

　　其一，企业资本结构对企业价值有无影响？如果有影响，产生多大程度的影响？可以用以下函数表示。（是什么）

$$V=B+S=f（资产负债率）$$

　　其二，资本结构为什么会对企业价值产生影响，或者说资本结构对企业价值的影响原因是什么？（为什么）

　　其三，如果资本结构影响企业价值，如何通过改变企业资本结构来提高企业价值？如果资本结构不影响企业价值，又通过什么途径来提高企业价值？（怎么样）

　　1958 年之前的资本结构理论主要包括净收益理论、净营业收益理论以及被称为传统理论的折中理论，这些理论并没有形成一个完整的体系。

1958 年 6 月，Franco Modiglani 与 Merton H. Miller 在 American Economic Review 发表的论文 The Cost of Capital，Corporation Finance and The Theory of Investment，成为现代资本结构理论研究的起点和基础；1963 年，Franco Modiglani 与 Merton H Miller. Corporate 又在 American Economic Review 发表了另一篇论文 Income Taxes and The Cost of Capital：A Correction。1977 年，Merton H Miller 独自在 The Joural of Finance 发表论文 Debt and Taxes 形成米勒模型。

他们二人发表的相关的"讨论资本结构对企业价值的影响"上述论文，财务学界统称为 MM 理论。Franco Modiglani 于 1985 年获得诺贝尔经济学奖，而 Merton H Mille 在 1990 年与威廉·夏普、哈里·马克维茨三人共同获得第十三届诺贝尔经济学奖。本章重点讲 MM 理论。

一、MM 理论的准备

（一）MM 理论的基本假设

> 1. 所有的实物资产归公司所有；
>
> 2. 资本市场无摩擦、没有公司和个人所得税、证券买卖无交易费用、无破产成本；
>
> 3. 公司只能发行两种证券筹资：有风险的股票、无风险的债券；
>
> 4. 公司和个人都可以按无风险利率借入或贷出任何数量的资金；
>
> 5. 投资者对于未来预期相同（信息对称、资本市场是强式有效的）；
>
> 6. $EBIT$ 是永续年金；
>
> 7. 公司都可以归为几个"相等的利润等级"中的一类，在相同等级上，股票收益完全比例相关。

现在来看，第一个假设可以放开，因为法律已经赋予公司合法的法人财产权；第二个假设其实就是关于资本市场环境的假设，假设资本市场是完美的市场；由于债券风险要小于股票风险，债权人可以通过限制债务人资产负债率的方式将债券风险降到最低，债权人要求的利率也应该为无风险利率；第五个假设是为了无套利模型的成立进行的假设；第六个假设纯粹是为了计算方便，因为永续年金的现值最容易计算；最后一个假设是为了研究"两个只有资本结构不同但归为同一利润等级的企业价值大小关系"。

（二）模型要用到的基本符号与基本关系

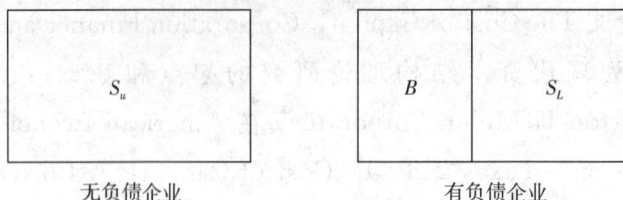

图 3-2　无负债企业和有负债企业企业价值构成图

表 3-1　MM 理论用到的基本符号和基本关系

	无负债企业	有负债企业
企业价值（V）	$V_u=S_u$	$V_L=B+S_L$
股权价值（S）	S_u	S_L
债权价值（B）	0	B
股权资金成本率（K）	K_u	K_S
债权资金成本率（K_b）	—	K_b
综合资金成本率（K_w）	$K_w=K_u$	$K_w=B/(B+S_L)\,K_b+S_L/(B+S_L)\,K_S$

在以上假设条件下和基本关系确定以后，Franco Modiglani 与 Merton H Miller 首先提出了无公司税模型。

二、无公司税模型

无公司税模型主要包括三个命题：企业价值命题、风险补偿命题和投资报酬率命题。

表 3-2　无公司税模型的三个命题

命题	关系	作用
企业价值命题	$V_L=V_u$	企业价值与资本结构无关
风险补偿命题	$K_S=K_u+B/S_L\,(K_u-K_b)$	说明二者综合资金成本率相等的原因，解释 $V_L=V_u$
投资报酬率命题	$IRR>K_w=K_u$	提高企业价值途径：$IRR>K_w=K_u$ 的投资项目

（一）企业价值命题

在完全的资本市场中，市场不存在套利空间，因为信息完全对称和资金满足无限需求的完全资本市场的假设，任何可能存在的套利空间会吸引大量的逐利的投资者的交易行为，最终导致套利空间消失。譬如，东城萝卜每公斤 2 元，西城萝卜每公斤 4 元，投资者都知道这个信息并有充足的资金，就会出现这种局面：投资者到东城购买萝卜，在西城卖出萝卜，这样的行为势必会导致东城萝卜价格由于需求增加而价格上涨，西城萝卜价格由于供应增加而下降，直到东城萝卜价格加上运输成本等于西城萝卜价格，套利行为就消失了，这样，萝卜价格就是个均衡价格了，市场上就不存在套利空间。

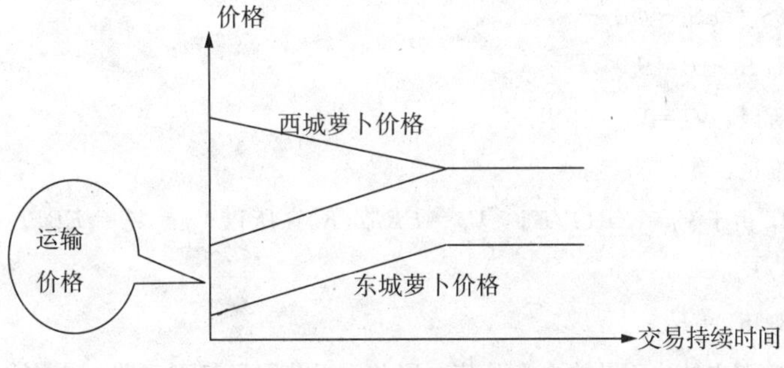

图 3-3 无套利空间的形成

企业价值命题就是利用无套利模型来证明的。

$$V_L = V_u$$

证明：

假设有甲、乙两个投资方案：

甲：购买 φ 比例的有负债企业的股权 φS_L；

乙：借入 φB 形成个人债务资金购买 φ 比例的无负债企业的股权 φS_u。

在乙方案里，投资者投入自有资金 $\varphi S_u - \varphi B$。为什么要形成个人债务 φB，因为在甲方案里，企业利用了财务杠杆增加了企业财务风险，个人购买有负债企业股权同样承担相应的财务风险；在乙方案里，企业没有借入资金，没有财务风险，个人借入资金形成个人财务杠杆从而承担相应财务风险，投资者非常明白这一点（信息完全性，符合完全资本市场假设，就好像萝卜价格在东城、西城完全被掌握一样）。这样甲乙两投资方案，在企业经营风险相同、财务风险相同的条件下才能使用相同的必要报酬率来贴现两个方案未来的现金流。

表 3-3 无公司税模型企业价值命题投资方案的构建

方案	投资自有资金	未来每年现金流	支付利息的主体
甲	φS_L	$\varphi(EBIT - BK_b)$	企业支付利息
乙	$\varphi S_u - \varphi B$	$\varphi EBIT - \varphi BK_b = \varphi(EBIT - BK_b)$	个人支付利息

在完全的资本市场中，购买价格等于价值，投资自有资金为两方案所构成的投资项目的购买价格，甲乙两方案未来每年现金流的现值为购买资产的价值，由于两方案风险相同，贴现率也相同，因此：

> 甲：$\varphi S_L = \Phi (EBIT - BK_b) /K$
>
> 乙：$\varphi S_u - \varphi B = \Phi (EBIT - BK_b) /K$
>
> 所以可得：$\varphi S_L = \varphi S_u - \varphi B$
>
> $\varphi S_L = \varphi S_u - \Phi B$
>
> 即 $S_L + B = S_u$
>
> 所以：$V_L = V_u$　证毕。
>
> 推论：
>
> 1. 由于 $V_L = EBIT/K_w$，$V_u = EBIT/K_u$，所以 $V_L = V_u = EBIT/K_w = EBIT/K_u$；
>
> 2. $K_w = K_u$；
>
> 3. 资本结构不影响企业价值，因此，无公司税模型又称为资本结构无关论。

（二）风险补偿命题

在企业价值命题的推论中，为什么会出现 $K_w = K_u$？也就是说，为什么有负债企业的综合资金成本率等于无负债企业的股权资金成本率。要解释这一结果，我们需要证明风险补偿命题。

> $$K_S = K_u + B/S_L (K_u - K_b)$$
>
> 证明：
>
> 因为：$V_L = V_u = EBIT/K_w = EBIT/K_u$
>
> 所以：$B + S_L = EBIT/K_u$
>
> $EBIT = K_u (B + S_L)$
>
> 又：$K_S = (EBIT - BK_b) /S_L$（完全资本市场中，股权资本成本股权资本报酬率＝股东必要报酬率）
>
> 所以：$K_S = [K_u (B + S_L) - BK_b] /S_L$
>
> $= K_u + B/S_L (K_u - K_b)$　证毕。

在上面的证明中，等式 $K_S = (EBIT - BK_b) /S_L$ 成立的原因是：在完全的资本市场中，股权资金成本率＝股东必要报酬率＝股东预期报酬率；如果投资者大多数都能获得的收益率（股东预期报酬率或称之为平均收益率），那么愿意投资该企业股票的投资者至少也要求如此多的收益率（必要收益率），在市场均衡状态下，企业必须满足投资者要求的和承担的风险相适应的报酬率，否则将筹集不到资金，必须满足投资者的报酬率就构成了企业的股权资本成本率，因此上述连续等式成立。

利用风险补偿命题，可以进一步证明上面的一个推论：$K_w = K_u$。

$$K_w = K_u$$

证明：

有负债企业的综合资本成本率为 K_w

$K_w = B/(B+S_L) K_b + S_L/(B+S_L) K_S$

$\quad = B/(B+S_L) K_b + S_L/(B+S_L) [K_u + B/S_L (K_u - K_b)]$

$\quad = K_u$　证毕。

风险补偿命题说明，有负责企业的综合资本成本率并没有随着低成本的负债资金的筹集而降低，由于负债资金增加了企业的财务风险，股东要求的必要报酬率所构成的股权资金成本率随着负债资金的筹集而上升，正好抵消了低成本的负债资金带来的综合资金成本的下降的趋势，结果企业的综合资金成本率一直没有变化，永远等于无负债企业的股权资金成本率。

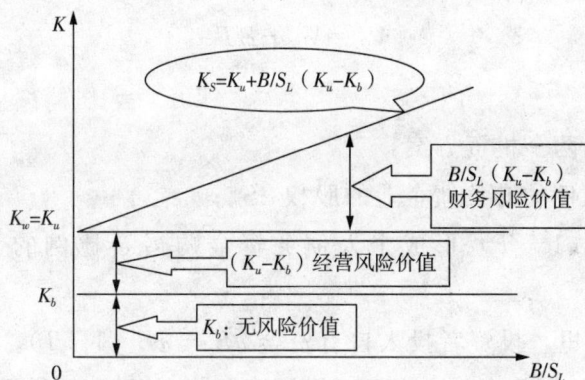

图 3-4　无公司税模型风险价值图

（三）投资报酬率命题

企业价值命题说明，资本结构不影响企业价值，风险补偿命题进一步说明资本结构不影响企业价值的原因。显然，在一系列的假设条件下，在没有公司所得税的条件下，试图通过筹资决策（资本结构决策）或资本运营来提高企业价值都是徒劳的，那么，如何提高企业价值呢？投资报酬率命题给出了提高企业价值的方法只有通过投资决策，寻找那些内涵报酬率高于综合资金成本率的投资项目来提高企业价值。

$$IRR > K_w = K_u \implies 提高企业价值$$

三、有公司税模型

无公司税模型探讨的是在没有公司所得税的条件下资本结构与企业价值的关系，但在现实税收制度中，纵观天下，除了一小部分符合条件的企业可以获得一定年限内的所得税豁免外，一般企业都要承担或高或低的所得税。那么，在有所得税的条件下，资本结构与企业价值的关系如何呢？

表 3-4　有公司税模型的三个命题

	关系	作用
企业价值命题	$V_L=V_u+BT$	企业价值与资本结构相关
风险补偿命题	$K_S=K_u+B/S_L\ (K_u-K_b)\ (1-T)$	说明 $V_L>V_u$ 原因
提高企业价值	$IRR>K_u>K_w$ 增加负债	提高企业价值途径：$IRR>K_w=K_u$ 的投资项目、增加负债

（一）企业价值命题

$$V_L=V_u+BT$$

证明：

假设有甲、乙两个投资方案：

甲：购买 φ 比例的有负债企业的股权 φS_L；

乙：借入 $\varphi B\ (1-T)$ 形成个人债务资金购买 φ 比例的无负债企业的股权 φS_u。

在乙投资方案里，投资者投入自有资金 $\varphi S_u-\varphi B\ (1-T)$。为什么要形成个人债务 $\varphi B\ (1-T)$，因为在甲方案里，投资者投资的甲企业利用了财务杠杆（负债筹资）增加了企业财务风险，个人购买有负债企业股权成为有负债企业的股东要"继承"相应的财务风险；在乙方案里，无负债企业没有借入资金，没有财务风险，个人借入资金形成个人财务杠杆投资乙企业从而承担和甲方案中相同的财务风险，这样甲乙两投资方案，企业经营风险相同、财务风险相同的条件下才能使用相同的必要报酬率来贴现两个方案未来的现金流。

上述证明过程中至少还存在一个问题值得解释，为什么在乙方案中，该投资者借入资金 $\varphi B\ (1-T)$，而不是更多或更少？其实，要解决这个问题，需要从甲方案看起：有负债企业借入资金 B，每年支付利息 BK_b，由于利息抵税效应而少交所得税 BK_bT，企业实际承担利息 $BK_b\ (1-T)$，因而有负债企业实际承担利息的债务价值为永续年金的现值。

$$BK_b\ (1-T)\ /K_b=B\ (1-T)$$

也就是说，有负债企业借入债务 B，由于利息避税价值的作用而实际承担的债务为 $B(1-T)$。在两企业经营风险相同而财务风险不同的条件下，理性的投资者会比较两方案：用自有资金购买 φS_L，还是个人借入资金 $\varphi B(1-T)$ 购买 φS_u，只有这样，两投资方案持有的股权比例才能相同，并且财务风险相同、经营风险相同，两方案要求的必要报酬率必然相同，对两方案产生的未来收益贴现时贴现率相同。

表 3-5 有公司税模型企业价值命题投资方案的构建

方案	自有投资额	未来每年现金流	支付利息的主体
甲	φS_L	$\varphi(EBIT-BK_b)(1-T)$	企业支付利息
乙	$\varphi S_u-\varphi B(1-T)$	$\varphi EBIT(1-T)-\varphi B(1-T)K_b$ $=\varphi(EBIT-BK_b)(1-T)$	个人支付利息

在完全的资本市场中，购买价格等于价值，自有投资额为购买价格，甲乙两方案未来每年现金流的现值为购买资产的价值，由于两方案经验风险相同、财务风险也相同，贴现率也相同，因此：

甲：$\varphi S_L=\varphi(EBIT-BK_b)(1-T)/K$

乙：$\varphi S_u-\varphi B(1-T)=\varphi(EBIT-BK_b)(1-T)/K$

所以可得：$\varphi S_L=\varphi S_u-\varphi B(1-T)$

即 $S_L+B=S_u+BT$

所以：$V_L=V_u+BT$ 证毕。

推论：

1. 在有公司所得税的条件下，$V_L>V_u$；

2. $V=V_L-V_u=BT$，有负债企业价值与无负债企业价值的差额就是负债利息的避税价值，即：$V=V_L-V_u=BT=BK_bT/K_b$；

3. 负债越多，企业价值越大；

4. 当 $T=0$ 时，$V_L=V_u+BT=V_u$，和无公司税模型企业价值命题一致，可见，无公司税模型是有公司税模型的特例。

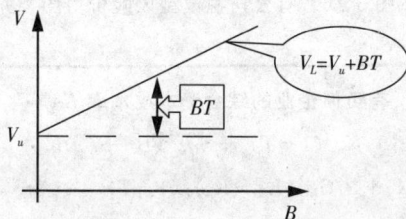

图 3-5 有公司税模型企业价值关系图

(二) 风险补偿命题

$$K_S = K_u + B/S_L (K_u - K_b)(1-T)$$

证明：

因为：$V_L = V_u + BT = EBIT(1-T)/K_u + BT$

又：$V_L = B + S_L$

所以 $B + S_L = EBIT(1-T)/K_u + BT$

所以：$EBIT(1-T) = K_u[B(1-T) + S_L]$

又：$K_S = (EBIT - BK_b)(1-T)/S_L$（有负债企业股权资本成本率＝有负债企业股东必要报酬率＝有负债企业预期报酬率）

所以：$K_S = [K_u[B(1-T) + S_L] - BK_b(1-T)]/S_L$

　　　$= K_u + B/S_L(K_u - K_b)(1-T)$　　证毕。

在无公司税模型中，有负债企业的综合资本成本率等于无负债企业的股权资金成本率，那么在有公司税模型中，由于有负债企业利息抵税价值的存在，导致企业实际债务价值降低，财务风险下降，所以有负债企业的股权资金成本率下降，这样，其综合资金成本率必然小于无负债企业的股权资金成本率。那么，它们到底是什么关系呢？

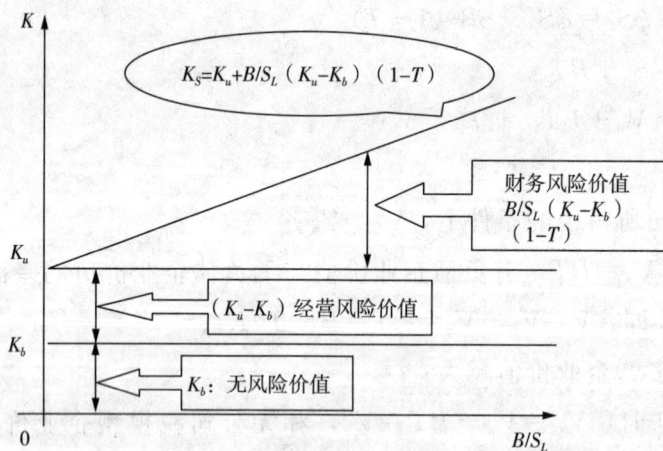

图 3-6　有公司税模型风险价值图

有负债企业的综合资本成本率 K_W

$$K_W = B/(B+S_L) K_b(1-T) + S_L/(B+S_L) K_S$$

又因为：$K_S = K_u + B/S_L(K_u - K_b)(1-T)$

所以：

$$K_w = B/（B+S_L）K_b（1-T）+S_L/（B+S_L）[K_u+B/S_L（K_u-K_b）$$
$$（1-T）]$$
$$= B/（B+S_L）K_b（1-T）+S_L/（B+S_L）K_u+B/S_L（K_u-K_b）$$
$$（1-T）S_L/（B+S_L）$$
$$= B/（B+S_L）K_b（1-T）+S_L/（B+S_L）K_u+B（K_u-K_b）（1$$
$$-T）/（B+S_L）$$
$$= B/（B+S_L）K_b（1-T）+S_L/（B+S_L）K_u+B（K_u-K_b）（1$$
$$-T）/（B+S_L）$$
$$=（S_L K_u+BK_u-BK_u T）/（B+S_L）$$
$$=（V_L-BT）K_u/（B+S_L）$$
$$= K_u[1-BT/（B+S_L）]<K_u$$

从上述计算结果 $K_w = K_u[1-BT/（B+S_L）]$ 可以看出，有负债企业综合资本成本率显然小于无负债企业的股权资金成本率，并且，负债越多，有负债企业的综合资本成本率越小，这也进一步解释有负债企业价值随着负债的上升而上升的理论现象。

（三）提高企业价值的方法

从有公司税模型企业价值命题 $V_L = V_u + BT$ 可以看出，对于有负债企业来讲，提高企业价值的方法可以通过投资内涵报酬率（IRR）高于无负债企业的股权资金成本率（K_u）的项目来实现，也可以通过享受因增加负债产生利息的避税价值（BT）来实现。那么，能否通过增加所得税率来提高企业价值呢？从 $V_L = V_u + BT$ 可以看出，似乎 T 的增加会导致 BT 也增加，从而导致 V_L 也增加，其实，另一方面，T 的增加必然导致 V_u 减少，最终结果如何，还需进一步分析。

$$V_u = EBIT（1-T）/K_u$$
$$V_L = V_u + BT$$

所以：$V_L = EBIT（1-T）/K_u + BT$

如果把 V_L 看作 T 的函数，则对 T 求一阶导数得到：

$$V_L' = -EBIT/K_u + B$$

当 $V_L' = -EBIT/K_u + B>0$ 时，即 $EBIT<BK_u$ 时，V_L 随着 T 的增加而增加，说明在 $EBIT$ 利润较少时，随着 T 的增加，利息避税价值增加额大于因 T 的增加而导致所得税价值增加额；

当 $V_L' = -EBIT/K_u + B<0$ 时，即 $EBIT>BK_u$ 时，V_L 随着 T 的增加而减少，说明在 $EBIT$ 利润较多时，随着 T 的增加，利息避税价值增加额小于因 T 的增加而导致所得税价值增加额。

综上所述，有公司税模型告诉我们，提高企业价值的方法有三：

1. 通过投资 IRR 高于 K_u 的项目来提高 V_u，从而提高 V_L；

2. 提高企业负债价值（B）享受利息避税价值（BT）而提高 V_L；

3. 对于有负债企业来讲，$EBIT$ 小于 BK_u 时，通过承担较高所得税率（T）也可以带来有负债企业价值（V_L）的提高。

四、米勒模型

米勒模型进一步放宽限制条件，企业不仅仅要承担企业所得税，股东在获得股利的时候通常还要缴纳股利所得税，债权人在获得利息的时候要缴纳利息所得税。这样，在考虑企业所得税率 T_c，利息所得税率 T_b，股利所得说率 T_s 时，有负债企业价值和无负债企业价值是什么关系呢？

（一）企业价值关系的推导

$$V_L = V_u + B [1 - (1 - T_c)(1 - T_s) / (1 - T_b)]$$

无负债企业价值：$V_u = EBIT(1 - T_c)(1 - T_s) / K_u$（企业价值定义）

有负债企业未来每年公司自由现金流量

＝股权自由现金流量＋债权自由现金流量

$= (EBIT - I)(1 - T_c)(1 - T_s) + I(1 - T_b)$

$= EBIT(1 - T_c)(1 - T_s) + I(1 - T_b) - I(1 - T_c)(1 - T_s)$

$= EBIT(1 - T_c)(1 - T_s) + I(1 - T_b)[1 - (1 - T_c)(1 - T_s) / (1 - T_b)]$

$= EBIT(1 - T_c)(1 - T_s) + I(1 - T_b)[1 - (1 - T_c)(1 - T_s) / (1 - T_b)]$

$V_L = EBIT(1 - T_c)(1 - T_s) / K_u + [I(1 - T_b) / K_b][1 - (1 - T_c)(1 - T_s) / (1 - T_b)]$（对前一部分用 K_u 贴现、后一部分用 K_b 贴现的原因是与现金流风险相适应的必要报酬率作为贴现率）

定义 $[I(1 - T_b) / K_b] = B$：债权人未来获得的税后利息的现值，即税后债权价值。

所以：$V_L = V_u + B[1 - (1 - T_c)(1 - T_s) / (1 - T_b)]$

需要说明的是，债权人投资 B 于企业，但其享受的债权价值为未来每期税后利息所形成的永续年金的现值 $BK_b(1 - T_b) / K_b = B(1 - T_b)$，个中原因在于债权人因利息所得税导致其债权价值损失 BT_b，这一部分正好等于政府的利息税收入的价值 $BK_bT_b / K_b = BT_b$。其中，B 为税前债权价值，B' 为税后债权价值，它们的关系为：

$$B = B(1-T_b) + BT_b = B' + BT_b$$

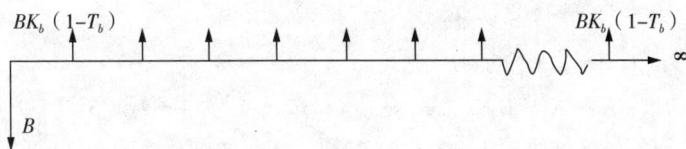

图 3-7　债权人投资导致的现金流出和流入示意图

$$V_L = V_u + B[1-(1-T_c)(1-T_s)/(1-T_b)]$$

推论：

1. 当 $T_c = T_s = T_b = 0$ 时，转化为无公司税模型；

2. 当 $T_c \neq 0$，$T_s = T_b = 0$ 时，转化为有公司税模型；

3. 当 $T_c \neq 0$，$T_s = T_b$ 时，股利所得税和利息所得税的作用相同，股权价值和债权价值受到同样的价值损失，和有公司税模型企业价值命题结果形式上一致，但数量上有所下降；

4. V_L 和 V_u 的大小关系为，如果 $(1-T_c)(1-T_s) > 1-T_b$，则 $V_L < V_u$；

如果 $(1-T_c)(1-T_s) < 1-T_b$，则 $V_L > V_u$。

（二）风险补偿命题

在米勒模型中，由于在公司所得税、股利所得税、利息所得税的共同作用的条件下，有负债企业和无负债企业的股权资金成本率又有什么关系呢？

因为：$V_L = V_u + B[1-(1-T_c)(1-T_s)/(1-T_b)]$

$V_u = EBIT(1-T_c)(1-T_s)/K_u$ 又：$V_L = B + S_L$

所以：$B + S_L = EBIT(1-T_c)(1-T_s)/K_u + B[1-(1-T_c)(1-T_s)/(1-T_b)]$

所以：

$EBIT(1-T_c)(1-T_s) = \{B + S_L - B[1-(1-T_c)(1-T_s)/(1-T_b)]\}K_u$

$= [S_L + B(1-T_c)(1-T_s)/(1-T_b)]K_u$

又 $Ks = (EBIT-I)(1-T_c)(1-T_s)/S_L$

$= EBIT(1-T_c)(1-T_s)/S_L - I(1-T_c)(1-T_s)/S_L$

$= [S_L + B(1-T_c)(1-T_s)/(1-T_b)]K_u/S_L - I(1-T_c)(1-T_s)/S_L$

$$= K_u + B K_u (1 - T_c) (1 - T_s) / [(1 - T_b) S_L] - I (1 - T_c) (1 - T_s) / S_L$$

又：$I (1 - T_b) / K_b = B$

所以：$K_s = K_u + B K_u (1 - T_c) (1 - T_s) / [(1 - T_b) S_L] - I (1 - T_b) (1 - T_c) (1 - T_s) / [(1 - T_b) S_L]$

$K_s = K_u + B K_u (1 - T_c) (1 - T_s) / [(1 - T_b) S_L] - B K_b (1 - T_c) (1 - T_s) / [(1 - T_b) S_L]$

所以可以得出米勒模型的风险补偿命题：

$$K_S = K_u + B/S_L [(1 - T_c) (1 - T_s) / (1 - T_b)] (K_u - K_b)$$

米勒模型风险补偿命题形式上更加复杂，那么，它和无公司税模型、有公司税模型的风险补偿命题结果是否会发生冲突呢？从下框中推论可以看出，米勒模型的风险补偿命题仍然和无公司税模型、有公司税模型的风险补偿命题保持一致，这也间接证明米勒模型的有效性和一般性。

$$K_S = K_u + B/S_L [(1 - T_c) (1 - T_s) / (1 - T_b)] (K_u - K_b)$$

推论：

1. $T_c = T_s = T_b = 0$，$K_S = K_u + B/S_L (K_u - K_b)$，和无公司税模型风险补偿命题一致；

2. $T_c \neq 0$，$T_s = T_b = 0$，$K_S = K_u + B/S_L (K_u - K_b) (1 - T_c)$，和有公司税模型风险补偿命题一致；

那么，在米勒模型中，有负债企业的综合资本成本率和无负债企业的股权资金成本率又有什么关系呢？

从下面推导结果可以看出，米勒模型中有负债企业的综合资金成本率更具有广泛性，无公司税模型、有公司税模型的有负债企业综合资金成本率是米勒模型中的有负债企业综合资金成本率的特例。

$$K_W = B/ (B + S_L) K_b (1 - T_c) + S_L/ (B + S_L) K_S$$
$$= B/ (B + S_L) K_b (1 - T_c) + S_L/ (B + S_L) \{K_u + B/S_L [(1 - T_c) (1 - T_s) / (1 - T_b)] (K_u - K_b)\}$$
$$= B/ (B + S_L) K_b (1 - T_c) + S_L K_u/ (B + S_L) + B/ (B + S_L) [(1 - T_c) (1 - T_s) / (1 - T_b)] (K_u - K_b)$$
$$= [B K_b (1 - T_c) (T_s - T_b) + B K_u (1 - T_c) (1 - T_s) + S_L K_u (1 - T_b)] / (B + S_L)$$

$$= K_b [B (1-T_c) (T_s - T_b)] / (B+S_L) + K_u [B (1-T_c) (1-T_s) + S_L (1-T_b)] / (B+S_L)$$

$$= K_b [B (1-T_c) (T_s - T_b)] / (B+S_L) + K_u [B (1-T_c) (1-T_s) + S_L (1-T_b)] / (B+S_L)$$

或者

$$K_w = K_u + K_b [B (1-T_c) (T_s - T_b)] / (B+S_L) + K_u [BT_c T_s - BT_s - BT_c - S_L T_b] / (B+S_L)$$

推论：

1. 当 $T_c = T_s = T_b = 0$，$K_w = K_u$，和无公司税模型资本成本率的结论一致；

2. $T_c \neq 0$，$T_s = T_b = 0$，$K_w = K_u [1 - BT_c / (B+S_L)]$ 和有公司税模型资本成本率的结论一致；

3. 要使 $K_w < K_u$，必有 $K_b [B (1-T_c) (T_s - T_b)] / (B+S_L) + K_u [BT_c T_s - BT_s - BT_c - S_L T_b] / (B+S_L) < 0$，即 $K_b [B (1-T_c) (T_s - T_b)] + K_u [BT_c T_s - BT_s - BT_c - S_L T_b] < 0$，

即：$K_b [B (1-T_c) (T_s - T_b)] < K_u [S_L T_b - BT_c T_s + BT_s + BT_c]$。

（三）提高企业价值的途径

从米勒模型 $V_L = V_u + B [1 - (1-T_c) (1-T_s) / (1-T_b)]$ 可以看出，提高企业价值有如下几种途径：

1. 通过投资内涵报酬率高于无负债企业的股权资本成本率的项目，V_u 的增加使得 V_L 提高；

2. 在 $1 - (1-T_c) (1-T_s) / (1-T_b) > 0$，即 $(1-T_c) (1-T_s) < 1 - T_b$ 的条件下，提高企业的负债水平也可以提高 V_L；反之亦然，如果 $(1-T_c) (1-T_s) > 1 - T_b$，则应该降低企业的负债水平才能提高 V_L。也就是说，由于三种所得税率的影响机制的复杂性，负债所带来的杠杆效应未必是正效应，在 $(1-T_c) (1-T_s) > 1 - T_b$ 的条件下，增加负债反而损害了企业价值。

如果进一步考察税率对企业价值的影响，在米勒模型下，需要考量三种所得税率对有负债企业价值的影响。

$$V_L = V_u + B [1 - (1-T_c) (1-T_s) / (1-T_b)]$$
$$= EBIT (1-T_c) (1-T_s) / K_u + B [1 - (1-T_c) (1-T_s) / (1-T_b)]$$

> 1. 对 V_L 求关于 T_c 的导数：$V_L'(T_c) = -EBIT(1-T_s)/K_u + B(1-T_s)/(1-T_b)$
>
> 当 $V_L'(T_c) = -EBIT(1-T_s)/K_u + B(1-T_s)/(1-T_b) > 0$，
>
> 即：$EBIT < BK_u/(1-T_b)$ 时，V_L 是 T_c 的增函数，也就是说，利息的抵税效应带来的价值增加超过了公司所得税率上升带来的价值损失；反之亦然。这个结论对于 T_s 同样适用，因为 T_c，T_s 处于同样位置，也就是说，在 $EBIT < BK_u/(1-T_b)$ 条件下，提高 T_c，T_s，反而企业价值上升了；
>
> 2. 对 V_L 求关于 T_b 的导数：$V_L'(T_b) = -B(1-T_c)(1-T_s)/(1-T_b)^2 < 0$ 即，其他因素不变的情况下，V_L 始终是 T_b 的减函数，即 T_b 的上升，只会带来债权价值的税收损失，进而降低了 V_L，在任何条件下提高 T_b，都会导致有负债企业价值的下降。

由于米勒模型更具有一般性，它包含了无公司税模型和有公司税模型，因此，下面重点讨论在我国目前所得税制的条件下的米勒模型。

> **米勒模型**
> 1. 企业价值命题 $V_L = V_u + B[1-(1-T_c)(1-T_s)/(1-T_b)]$
> 2. 风险补偿命题 $K_S = K_u + B/S_L[(1-T_c)(1-T_s)/(1-T_b)](K_u - K_b)$

在目前，我国企业所得税率一般为 25%，股利所得税率为 10%，利息所得税率为 0，而所得税优惠企业假设为 15%，股利所得税率仍为 10%，利息所得税率为 0，那么这两类企业米勒模型见表 3-6 所列。

表 3-6　我国目前所得税制条件下的米勒模型

	一般企业	所得税优惠企业
企业价值命题	$V_L = V_u + 0.325B$	$V_L = V_u + 0.235B$
	$V_u = 0.675EBIT/K_u$	$V_u = 0.765EBIT/K_u$
风险补偿命题	$K_S = K_u + 0.675B/S_L(K_u - K_b)$	$K_S = K_u + 0.765B/S_L(K_u - K_b)$

五、结合我国目前的实际对有公司税模型风险补偿命题分析

资本成本是企业筹集资金和使用资金过程中所付出的代价，一般包括筹资费用和用资成本。企业发行股票筹集资金的成本就是股权资本成本，股权资本成本包括发行费用和未来每年要支付的现金股利，理论上，可以用下述公式来

表示：

$$P(1-F_S) = \sum D_T/(1+K_S)^T \tag{1}$$

其中，P：发行价格，F_S：发行费用率，D_T：预期未来分发的股利，

K_S：有负债企业股权资本成本率，T：期数

如果企业以后分发的股利增长率为 G，即 $D_T = D_{T-1}(1+G)$，则 (1) 式
可以简化为：

$$K_S = D_1/P(1-F_S) \tag{2}$$

而银行借款资本成本可以表示为：

$$K_b = I(1-T_c)/L(1-F_L) \tag{3}$$

其中，L：借款数额，F_L：手续费率，I：未来支付的利息，

K_b：银行借款资本成本率，T_c：公司所得税税率

在 MM 理论有公司税模型风险补偿命题中，$K_S > K_u > K_b$，即企业发行股票的资本成本率大于银行借款资本成本率，因为股东承担的风险要大于债权人承担的风险，股东要求的报酬率要高于债权人要求的报酬率，股东报酬率就构成了企业股权资本成本率，而债权人要求的报酬率是无风险利率。因此，企业发行股票筹资的资本成本（K_S）要大于银行借款的资本成本（K_b）。但在现实实践中，会出现企业用发行股票筹集的资金（主要使用超募资金）来归还银行借款，即用理论上的高成本的资金来偿还低成本的资金。下面尝试着来解释这个矛盾。

（一）部分上市公司利用超募资金偿还银行借款

企业首次公开发行股票（IPO）募集资金常常超出投资项目所需资金，超出部分资金称为超募资金。显然，超募资金也属于股东投入的部分，股东要求的报酬率理论上也构成了企业资本成本率。对于这部分资金，企业一般会做出以下选择：归还银行借款、委托贷款、存款、补充营运资金、对子公司增资、置换项目原已投入的资金、并购等。本文重点分析使用超募资金归还银行借款这种行为所导致的理论和企业实践的矛盾。

从表 3-6 可以看出，公司通过 IPO 获得超募资金后，会很快做出使用超募资金归还银行借款的决策，这说明使用超募资金归还银行借款的决策被业界普遍认同；同时，归还银行借款使用的超募资金占总的超募资金的 30% 以下，可见还剩余六成的超募资金。上市公司给出董事会决策依据是为了降低财务费用、增加股东收益等。

本文截取 2012 年 1 月 6 日到 2013 年 7 月期间上市的中小板公司，共 55 家

公司，其中使用（包括一家公司奥瑞金拟使用）超募资金偿还银行借款的公司共23家，占比41.8%。还有32家没有使用超募资金偿还银行借款，其原因主要有两点：一是本身就没有银行借款，二是IPO时没有超募资金。从上面数据可以看出，只要IPO的公司有超募资金和银行借款，那么公司都会做出使用超募资金偿还银行借款的决策。

表3-7 部分上市公司使用超募资金归还银行借款

上市公司简称	上市时间	使用超募资金归还银行借款时间	归还银行借款数量（万元）	归还银行借款使用资金占总募集资金比例（%）	归还银行借款使用资金占超募资金比例（%）	上市公司给出的理由
成都路桥	2011.10.3	2011.11.15	16,000.00	20.83	34.80	降低公司财务费用，提高募集资金使用效率，使公司资本结构更加稳健。
苏交科	2012.1.10	2012.3.13	11,000.00	13.78	19	有效降低公司财务费用，增加公司经营利润，实现募集资金的有效利用，达到公司股东利益最大化的目的。
奥瑞金	2012.10.11	2013.6.25	10900.00	6.9	19.37	结合公司自身经营情况和财务情况。

注：表中数据根据大智慧中上市公司信息披露整理所得。

（二）企业发行股票筹资的资本成本理论和实践上的矛盾分析

从以上可以看出，企业发行股票筹集资金理论上成本要高于银行借款资本成本，但实践中，有负债的上市公司在获得超募资金后常常用来偿还银行借款。如何解释这个矛盾呢？其实，最主要的原因是企业发行股票筹集资金的实际成本要远远地小于理论成本，而且也小于银行借款的资金成本。因此，出现了用理论上的高成本来偿还低成本的银行借款的现象。导致这一结果的原因有以下几个方面。

1. 企业IPO时发行价格高于股票价值

从（1）式可以看出，P 与 K_s 成反向关系，也就是说，发行价格（P）越高，发行股票筹资实际成本（K_s）越低。当然，如果企业未来分发的股利是按固定增长率来分发，则发行价格和发行股票资本成本率的关系从（2）式更容易看出。

企业发行股票价格偏高的原因很多。首先二级市场同类股票价格较高，使得一级市场价格在比照二级市场价格来确定时会偏高，比如常用的市盈率（P/E）法，如果二级市场中同行业市盈率为 20，该企业过去一年中 EPS 为 1.5，则发行价格就确定为 30；其次，从券商角度看，券商获得的佣金常常按发行收入的百分比来确定，提高发行价格可以提高佣金收入；第三，从原始股东角度看，更倾向于提高发行价格，这样会相应提高股票价格，使自己原来拥有的股票在进入流通阶段后变现收入大大增加；最后，分析师和投资者对于新上市公司未来过于乐观的分析思维，从而高估企业未来的发展速度，IPO 定价偏高。

2. 依据成本模型不同

理论上的股票筹资的资本成本依据的是股东承担的风险大于债权人的风险，因此股东要求的收益率必然要大于债权人要求的收益率，故企业使用股票筹资所付出代价必然大于银行借款所付出的代价，这就是 CAPM 模型阐述的风险和收益相均衡的思想。但在实践中，股票筹资的资本成本是用分发的股利来核算的，显然，对企业来讲，分发股利越少，股票实际成本越低，实践中，我国上市公司分发股利偏低，这主要表现在两方面：一是上市公司 IPO 时公开承诺未来股利支付率普遍在 30％以下；二是分发股利时以每 10 股为一个分发单位。因此，依据风险计算的股权资本成本理论上要高于银行借款资本成本，但依据分发的股利来核算的实际成本要低于银行借款的资本成本，目前企业发行股票筹集资金实际资本成本只有 1.18％，而银行借款成本约为 6.05％～6.17％，[①] 故会出现公司使用超募资金归还银行借款的行为。

3. 超募资金闲置促使公司归还银行借款以降低财务费用

由于 IPO 时获得超出募投项目所需资金，于是就出现了大量的超募资金闲置状况，收益率很低；另外一方面，有负债公司又需要支付银行借款利息，形成一个固定性的财务负担，显然，在这种状况下，理性的董事会都会做出使用超募资金归还银行借款的决策，这样，既避免了资金闲置，又降低财务费用和财务风险。

（三）解决公司发行股票筹资理论和实践上的资本成本矛盾的建议

公司发行股票筹集资金是资本市场的一个重要功能，但目前，一方面大量企业需要资金但不能 IPO，另一方面一部分企业千方百计合法地或通过财务舞弊成功 IPO 后出现大量超募资金，其根本原因是公司发行股票筹资理论上的高成本与实践中的低成本的内在矛盾激化的结果。由于发行股票实践上的低成本，

---

① 傅元略. 中级财务管理. 上海：复旦大学出版社，2011：383.

导致很多企业 IPO 获得大量超募资金后出现资金的低效率使用和不慎重的投资决策，不能 IPO 的企业又需要资金，这就是资本市场无形的手对资金扭曲配置。本文尝试着从以下方面来解决这一矛盾。

1. 降低股票发行价格

从（1）式可以看出，公司发行股票筹资资本成本率和股票的发行价格成反向关系，通过降低发行价格从而提高公司发行股票筹资的实际的资本成本率。但在实践中，降低发行价格又会使股票在进入流通后价格暴涨，这反映了二级市场股价普遍偏高。

二级市场价格普遍偏高是评估机构、投资者对股票估价方法有问题。评估机构鼓吹公司的发展前景、假设的高增长率、甚至利用虚假的财务报表等都会导致股票估价偏高从而导致二级市场价格较高，投资者也盲目跟风、追涨杀跌甚至以赌的心态来买卖股票，缺少的是长期的价值投资理念。对于前者，证监会应该对评估机构再评估，从而避免评估机构因为某种利益而误导投资者；对于后者，应加强投资者教育。

另一方面，二级市场中股价偏高也说明需求大于供给。因此，要根本上降低二级市场股票价格就要适当增加股票供应量。

2. 提高股利支付率

企业发行股票筹资实际成本偏低的另一原因是企业分发股利偏低。根据（1）式测得，上市公司实际每年分发的股利所形成的资金成本最高不超过 5%，而这显然要远远小于银行借款 7% 左右的资金成本。这样，就导致风险高的筹资方式实际成本反而低的矛盾，结果是非上市公司一旦成功 IPO 就募集到巨额资金从而形成超募资金出现资金闲置状况，于是就用这种资金归还高成本的银行借款，而未能成功 IPO 的公司又缺少资金导致企业资金周转困难。显然，这是资金的低效率配置。

解决以上问题的关键是提高股利支付率。通过提高股利支付率从而提高企业每年分发的股利，这样，通过发行股票筹资实际资本成本就会上升，股票投资者每年也能够获得适当股利回报，从而有利于股东长期持有，培养投资者的长期价值投资理念。

3. 尽量避免公司 IPO 时获得大量超募资金

公司 IPO 的根本目的是为了筹集资金满足投资项目对资金的需求。但是，现在，IPO 后常常出现筹集资金数量远远大于投资项目所需要的数量，形成了超募资金，超募资金出现闲置和低效率的使用。所以，证监会发审委应该严格控制公司 IPO 时发行股票的数量和价格，避免出现大量的超募资金，这样，可以为更多有良好发展前景但缺少资金的公司通过 IPO 来筹资。

六、对有公司税模型的再研究

在有公司税模型中，有负债企业总比处于同一利润等级、具有相同经营风险无负债企业价值大 $\Delta V = V_l - V_u = TB$，而企业每年负债利息抵税收益为 $K_b BT$，对这些每年利息避税收益形成的永续年金进行贴现就是避税价值，即 $K_b BT / K_b = BT$。所以，之所以有公司税模型在一系列假设条件下成立，是因为负债产生的利息所带来的避税价值。

于是，从 MM 理论有公司税模型企业价值命题来看，负债越多，企业价值越大；显然，这与国内目前企业实际决策结果相矛盾，上市公司更倾向于使用增发股票募集资金降低资产负债率。依据该理论，降低企业负债 B，企业价值将会下降，为什么企业还会做出有损企业价值的决策呢？

（一）有公司税模型的企业价值命题和实践矛盾分析

1. 现实的企业不满足假设条件

如果想当然地从①得出负债越多，企业价值越大的结论，这显然是错误的。还必须注意有公司税模型成立的"负债无风险，而且无破产成本"假设条件在现实中不可能满足。负债是把双刃剑，它不仅仅能产生避税价值，而且还会使企业承担财务拮据成本，企业因为负债过多后不能按期付息、到期还本而陷入窘境或破产是客观存在的。陷入财务窘境后由于企业是在被迫出售资产偿还债务和资产的专用性而导致买方较少，所以资产价值常常得不到公允价格，这就是破产成本，有时又称为财务拮据成本。对财务拮据成本研究较多的是 Baxter（1967），Kraus，Litzenberger（1973），Scott（1976），Gordon，Malkiel（1981）等，他们把财务拮据成本产生的原因归为以下四个方面。

首先，大量债务到期，企业被迫以更高的利率借入新债从而推高了财务成本；其次，陷入拮据时企业会出现短期行为，诸如推迟研发投入、降低质量、变卖资产等，这有损企业价值；第三，破产时企业要发生大量的律师费、诉讼费、员工遣散费等；最后，企业陷入财务困境后，客户不再购买公司产品，供应商也不再供应原材料，这会加剧财务困境。[①]

2. 实践中股权价值最大化取代了理论上的企业价值最大化的财务管理目标

企业价值（V）＝债权价值（B）＋股权价值（S）。有公司税模型研究的对象是企业价值，股东和债权人都是企业平等的投资者，企业价值就存在于企业

---

① 傅元略．中级财务管理 ［M］．上海：复旦大学出版社，2011：361.

源源不断地为股东和债权人带来未来的现金流，即股利和利息。而实际上，股东和债权人地位是不平等的，股东通常会做出有利于自己的企业决策，即提高股权价值 S。在股票价格较高时发行股票筹集资金既可以增厚股东权益，又可以来偿还债务减少利息、提高每股收益（EPS），从而提高股权价值。这样，股权价值达到最大化时，由于债权价值下降，企业价值并不能达到最大化。

从①可以看出，虽然降低 B 使避税价值 TB 下降，但同时由于减少利息支付和降低了财务拮据成本，股权价值上升了，因而，以股权价值最大化来进行财务决策时，并不是负债越多越好，这符合股权价值最大化的财务目标要求。

3. 股东可能预期企业未来盈利能力下降

为什么实践中企业并不是负债越多越好？这可能要从老股东自身利益的角度理解。股东更倾向于在企业盈利能力最强的时候发行股票，因为乐观的财务数据使得股票发行价格可以定得较高，发行同样数量的股票可以筹集更多的资金，这显然对老股东有利；同时，根据筹资决策的 EPS 无差别点法也可以得出结论，如果未来预期的 $EBIT$ 小于 EPS 无差别点时的 $EBIT*$，企业会选择发行股票来进行筹集资金，这样归属于股东的净利润较大，股权价值提升；反之，如果企业选择发行股票来进行筹资而不通过银行借款或发行债券的方式进行筹资，也说明股东预计未来企业的盈利能力会下降。选择股票筹资的结果是企业资产负债率会下降，负债在企业资金来源构成比例下降。企业在实践中并不是根据企业价值最大化来进行筹资决策，而是根据股权价值最大化即对老股东最有利的方式进行选择。

（二）结论：对有公司税模型的修正和启示

1. 对有公司税模型的修正：权衡定理

根据企业价值命题①可以得出一个简单的结论：负债越多，企业价值越大。然而在实践中任何一个企业也不会根据这种财务理论来进行资本结构决策。因此，为了让理论和实践一致，后人在有公司税模型的基础上进行了修正。有公司税模型只考虑了负债所带来的避税价值，没有考虑负债所带来的拮据成本。如果考虑拮据成本后，可以把有公司税模型修正为 $V_l = V_u + TB - TPV$，其中 TPV 为企业因为负债而在未来让企业陷入困境而带来的成本的现值。负债越多，拮据成本 TPV 越大，这就是权衡定理。有公司税模型和权衡定理的关系如图 3-8 所示。

从权衡定理来看，企业的负债不是越多越好，而是应该存在一个理论上的最佳的资本结构，此时企业价值最大。最佳资本结构在现实实践中并没有一个统一的比例，行业、规模、资本市场完善程度、企业所处的发展阶段、管理效率等都会影响资本结构。因此，企业应根据自己的具体情况来选择适合企业发展的资本结构。

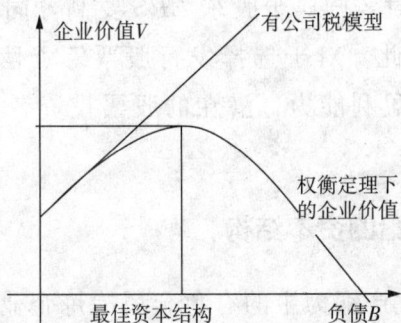

图 3-8　有公司税模型和权衡定理下的企业价值关系

2. 股权价值最大化实际上成为企业财务管理的目标和财务决策的依据

理论上，企业财务管理的目标是企业价值最大化，但在实践中，股权价值最大化实际上成为企业财务决策的依据，这一点需要从企业权利结构和治理结构的角度来理解。股东大会是企业最高权力机构，董事会是由企业大股东构成，一般地，企业重大决策如筹资、投资、营运、分配资金等决策先由董事会提出，交由股东大会表决，有表决权的股东 2/3 投赞成票即可。企业资本结构决策显然也是由股东决定的，股东在确定企业资本结构时会选择对自己最有利的结果，即股权价值最大化来进行决策。因此，股东会选择在股价较高时发行股票来筹集资金偿还债务，以降低利息支付和降低企业的拮据成本，这样使股权价值最大化。

有公司税模型探讨的是企业价值与资本结构的关系，也就是说，选择一种资本结构，使债权价值和股权价值之和最大。但在实践中，企业决策是由股东做出的，股东决策的依据是股权价值最大化，这就是有公司税模型理论和实践的矛盾根源。股东会不遗余力地努力获得低成本的资金来偿还企业债务，从而减轻甚至消除企业由于负债而导致的固定的利息支出形成的财务负担。目前企业发行股票筹集资金实际资本成本只有 1.18%，而银行借款成本约为 6.05%～6.17%，[①] 考虑到交易费用和拮据成本，企业债务实际成本更高。此时，企业老股东会做出决策选择发行股票来筹集低成本的资金来偿还高成本的负债，减少利息支出，提高股权价值。因此，有公司税模型的"负债越多，企业价值越大"的结论在我国目前不会被用来指导筹资决策也可以理解了。

---

① 傅元略．中级财务管理 [M]．上海：复旦大学出版社，2011：383.

3. 企业发行股票筹资偿还债务预示企业未来盈利不乐观

从 EPS 无差别点法来看，如果企业未来的 $EBIT < EBIT*$，企业会选择发行股票筹集资金，这时，归属于股东 EPS 要高，同时也说明股东对企业未来盈利预期不乐观。因此，对于选择发行股票筹资偿还债务的企业的股票，老股东怀疑企业未来的盈利能力，潜在的股票投资者可以拒绝买进或者沽空该股票。

七、案例：豫光金铅的资本结构

豫光金铅是一家以生产铜为主的有色金属冶炼企业，它的资产负债状况见表 3-8、表 3-9 所列。

表 3-8　豫光金铅资产与负债结构状况一览表　　　　单位：万元

	货币资金	存货	交易性金融资产	应收账款	其他应收款	固定资产净额	可供出售金融资产	无形资产	短期借款	预收账款	应付账款	长期负债
2014.12.31	107694	3890	1649	8869	16429	223314	1356	22194	295356	8847	79453	733739
2015.12.31	83128	303422	4920	2455	12441	215085	1338	21916	231118	7630	67045	126788

注：小数部分不计。

表 3-9　豫光金铅资产与负债结构状况一览表　　　　单位：万元

	总负债	总资产
2014.12.31	733739.63	877189.26
2015.12.31	599798.79	743486.76

根据 MM 理论和以上数据，请回答以下问题：

1. 如果 $T_c=25\%$，$T_s=10\%$，$T_b=0$，用豫光金铅于 2015.12.31 市值 50 亿元评估其股权价值，其在 2015 年末企业价值是多大？

2. 在 MM 理论中，假设负债无风险，用一年期银行存款利率估算的 2015 年无风险利率为 2%；但对于豫光金铅的负债，债权人要求的报酬率为 6.62%（39684/599798，用 2015 年财务费用 39684 和 2015 年末总负债 599798 来估算），如何理解这种差异？

3. 根据这些资料，企业经营风险（有色金属价格波动等）、财务风险的叠加使得股东承担更高的风险，股东必要报酬率构成的股权资本成本率为多少？（假设同类型的同利润等级的无负债企业 $K_u = 10\%$）

4. 结合豫光金铅的案例，说明理论上资金成本率和实际资金成本率的区别，为什么存在这种理论和实际的矛盾？

5. 结合豫光金铅的案例说明债权人和股东目标分别是什么。

第四章 企业价值评估

本章学习目标：

● 相对比率法评估股权价值；

● 股权价值、债权价值分类评估法评估企业价值；

● 公司自由现金流量法评估企业价值；

● *EVA* 法评估企业价值。

一、相对比率法评估股权价值

相对比率法主要采取市盈率、市净率、市销率和托宾 *Q* 值等指标来评估股票价值和价格的大小关系，从而间接地评估股权价值，由于上市公司可通过质押股权取得借款或者在较为严格的条件下发行债券，债权可以认为是无风险的，可以通过债权账面价值来反映，因此，企业价值就由间接地评估出的股权价值加上无风险的债权价值来近似反映。

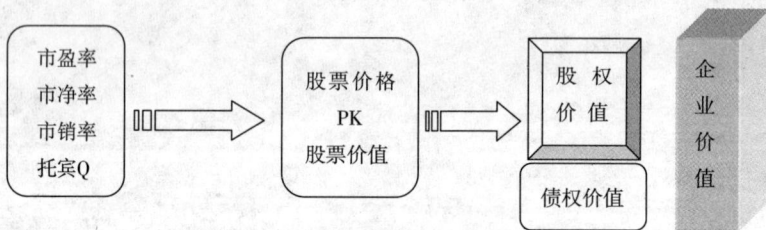

图 4-1 企业价值评估之相对比率法

（一）市盈率法

1. **市盈率**

市盈率是经常被使用来评价股价高低的一个指标。

> **市盈率（*P/E*）＝股价/每股收益＝*P/EPS***
>
> （1）市盈率倒数＝每股收益/股价，反映股东如果长期持有所获得的投资收益率；
>
> （2）一般认为股票投资必要收益率应该在 5%～20% 之间，因此市盈率的合理范围为（5，20）；

（3）预期快速发展的企业市盈率高出 20，而预期衰退的企业市盈率要低于 5；

（4）一般地，小市值、高新技术、非周期性、军工等企业股票市盈率普遍要高一些；另一方面，大市值、夕阳产业、周期性（有色金属行业除外）企业股票市盈率要低一些。

2. 关于股票价值的推导

资产价值就是资产在未来产生的现金流量的现值。对于股票价值（PV），定义方法很多，不过股票作为投资者持有的资产的一种，股票价值应该符合资产价值的含义，在这里，我们采用威廉-高登模型原理：股票价值就是企业未来分发的股利的现值，这里的股利主要包括现金股利以及可以折合成现金的实物股利，不包括股票股利（如资本公积金转增股本、送股等，这些除了影响股票流动性外对企业经营无实质性的影响）。

（1）固定股利模型

假设未来分发的股利是固定的，即未来每年分发的股利 D_t 都等于最近刚刚分发的股利 D_o，具有这一特征的企业主要是那些稳定的非周期性而且具有很大规模难以持续增长的企业，如贵州茅台、五粮液、双汇食品等。

$$PV = \sum D_t/(1+i)^t \, (t=1, 2, 3\cdots)$$
因为 $D_t = D_o$，
$$PV = \sum D_t/(1+i)^t = \sum D_o/(1+i)^t$$
$$= D_o/i$$

（2）固定股利增长率模型

假设企业分发的股利后一年总比前一年增长 g，即 $D_t = D_{t-1}(1+g)$，或者写成 $(D_t - D_{t-1})/D_{t-1} = g$，具有这一特征的企业主要指企业处在稳定增长状态、并且能永远保持这种增长率发展下去。当然，持续的高增长是不可能的，因此，其增长率常常假设为小于投资者的必要报酬率，即 $g < i$。

$$PV = \sum D_t/(1+i)^t \, (t=1, 2, 3\cdots)$$
假设 $D_t = D_{-1}(1+g)$，所以 $D_t = D_o(1+g)^t$
$$PV = \sum D_t/(1+i)^t = \sum D_o(1+g)^t/(1+i)^t \, (g<i)$$
$$= D_o(1+g)/(i-g)$$

（3）二阶段模型

如果一个企业未来几年处于高增长状态，高增长阶段股利增长率为 g，n 年高增长阶段之后，企业进入稳定增长状态，股利增长率为 g_n 并且一直延续下去，符合这个特征的企业股票价值模型称为二阶段模型。

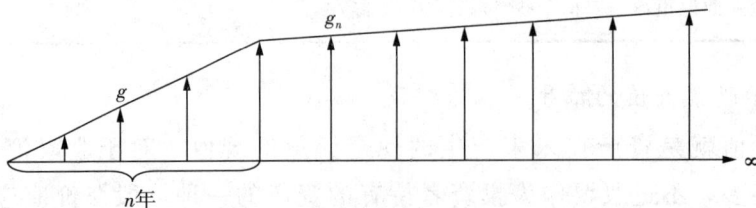

图 4-2 二阶段模型未来股利分配示意图

那么，符合二阶段模型的企业股票价值计算如下：

$$PV = \sum D_t / (1+i)^t \,(t = 1,\ 2,\ 3\cdots)$$
$$= \sum D_o (1+g)^t / (1+i)^t \,(t = 1,\ 2,\ 3\cdots,\ n) + D_o (1+g)^n (1+g_n) / [(i-g_n)(1+i)^n]$$

讨论：

当然，在两阶段模型中，由于两个阶段增长率不同，风险也不同，在两个阶段内采用的贴现率也应该不同，一般高增长阶段贴现率要高于稳定增长，为了简化计算，本文在两个阶段采用相同的贴现率。

当然，在这里需要说明的是，我们假设高增长阶段股利增长率较高，这显然很多时候不符合企业筹资决策实践经验，因为企业高增长期间常常伴随着对现金的强烈需求，此时，企业一般不会支付增长率过高的股利，之所以我们假设第一阶段较高的股利增长率，主要是通过这种计算出来的股票价值要大，符合高增长股票价值较高的特征。当然，也可以简单地理解为高增长阶段就是纯粹的股利高增长阶段，而不同于企业快速发展阶段。

有时候还会出现三阶段模型：快速增长阶段、过渡阶段和稳定增长阶段，具有这种特征的企业股票价值计算分三个阶段逐步贴现即可，在这里不再赘述。

3. 市盈率法评估股票价值

（1）符合固定股利模型的股票价值评估

$$PV = D_o / i = EPS * D' / i，其中：D' 为股利支付率。$$
$$所以，PV / EPS = D' / i$$

可以把 PV/EPS 称为理论市盈率，它和实际市盈率 P/E 作比较

$$\begin{cases} PV/EPS = D'/i < P/E，说明股票价值低于股价，或者说股价偏高； \\ PV/EPS = D'/i > P/E，说明股票价值高于股价，或者说股价偏低。 \end{cases}$$

（2）符合固定股利增长率模型的股票价值评估

$$PV = D_o(1+g)/(i-g) = EPS_o \times D'(1+g)/(i-g)$$

所以，$PV/EPS_o = D'(1+g)/(i-g)$

$$\begin{cases} PV/EPS_o = D'(1+g)/(i-g) > P/E 说明股票价值高于股价， \\ 或者说股价偏低； \\ PV/EPS_o = D'(1+g)/(i-g) < P/E 说明股票价值低于股价， \\ 或者说股价偏高。 \end{cases}$$

（3）符合二阶段模型股票价值评估

$$PV = \sum D_o(1+g)^t/(1+i)^t(t=1,2,3\cdots,n) + D_o(1+g)^n(1+g_n)/[(i-g_n)(1+i)^n]$$
$$= \sum EPS_o \times D'(1+g)^t/(1+i)^t(t=1,2,3\cdots,n) + EPS_o \times D'(1+g)^n(1+g_n)/[(i-g_n)(1+i)^n]$$
$$PV/EPS_o = = \sum D'(1+g)^t/(1+i)^t(t=1,2,3\cdots,n) + D'(1+g)^n(1+g_n)/[(i-g_n)(1+i)^n]$$

下面用稳定增长模型来讨论市盈率评估股票价值方法。

例如：古井贡酒 2014 年每股收益 1.19 元，假设公司未来按固定股利支付率 25% 分配股利，未来每年每股收益增长率为 5%，2016 年 3 月 31 日其股价为 36.91 元。无风险收益率 2%，市场报酬率 10%，古井贡酒股票 β 系数为 0.8。用市盈率法评估该公司股价是否被市场高估。

解：投资者要求的必要报酬率 $i = R_f + \beta_i(R_m - R_f) = 2\% + 0.8(10\% - 2\%) = 8.4\%$

则理论市盈率为：$PV/EPS_o = D'(1+g)/(i-g) = 25\%(1+5\%)/(8.4\% - 5\%) = 7.72$

2016 年 3 月 31 日实际市盈率为：$P/EPS_o = 36.91/1.19 = 31$。

显然市场高估了股票价值，即 2016 年 3 月 31 日古井贡酒股票价值应该小于 36.91 元。

讨论：

① 如果股利支付率 D'、股利增长率 g、投资者必要报酬率 i 发生变化，都

会导致理论市盈率发生变化；

② 理论市盈率和实际市盈率差异较大也反映国内资本市场中小市值、非周期性、高科技等行业的上市公司股价偏高的现实；

③ 如果古井贡酒未来要并购、转型、多元化等可能影响企业发展的重大战略实施，或者因为食品安全事故等都会对企业价值、对股权价值产生重大影响，因此本题古井贡酒股权评估是在企业目前状况下并期望持续下去的评估结果。

（二）市净率法

如果企业暂时没有盈利或者盈利很小的时候，市盈率法就会失效，这时，可以使用企业市净率和行业平均市净率来评估该企业的股票价值。

市净率 (P/B) ＝股价/每股账面价值＝P/BPS

（1）每股账面价值又称每股净资产；

（2）市净率的合理范围（2，5）；

（3）预期快速发展的企业市净率高出 5，而预期衰退的企业市盈率要低一些，甚至小于 1，此时称之为"破净"；

（4）小市值、高新技术、非周期性、军工等企业市净率普遍要高一些；另一方面，大市值、夕阳产业、周期性（有色金属行业除外）企业市净率要低一些；

（5）对于暂时没有盈利的公司，可以直接计算出企业的市净率，然后与行业平均市净率或行业内的标杆企业市净率作比较：

企业 P/B＞行业$\overline{P/B}$，股价偏高；企业 P/B＜行业$\overline{P/B}$，股价偏低

（6）对于盈利正常、成熟的企业，可以使用下面的公式计算企业的市销率评估股票价值和股价的关系。

下面只举例说明固定股利增长率模型条件下市净率法评估股票价值的方法，其他股票价值模型的使用方法同市盈率法同模型的类似，不再赘述。

固定股利增长率条件下的市净率法评估股票价值

$PV=D_o(1+g)/(i-g)=EPS_o\times D'(1+g)/(i-g)=BPS_o\times ROE\times D'(1+g)/(i-g)$

所以，理论市净率 $PV/BPS_o=ROE\times D'(1+g)/(i-g)$

$PV/BPS_o=ROE\times D'(1+g)/(i-g)>P/B$ 说明股票价值高于股价，或者说股价偏低；

$PV/BPS_o=ROE\times D'(1+g)/(i-g)<P/B$ 说明股票价值低于股价，或者说股价偏高。

其中，ROE 为股东权益报酬率，或称为净资产收益率、净资产报酬率、净资产净利率、权益净利率。

古井贡酒 2015.9.31 每股账面价值 9.1473 元，ROE 为 11.39%，假设公司未来按固定股利支付率 25% 分配股利，未来每年每股收益增长率为 5%，2016.3.31 日其股价为 36.91 元。无风险收益率 2%，市场报酬率 10%，古井贡酒股票 β 系数为 0.8。用市净率法评估该公司股价是否被市场高估。

解：投资者要求的必要报酬率 $i = R_f + \beta_i (R_m - R_f) = 2\% + 0.8 (10\% - 2\%) = 8.4\%$

理论市净率：$PV/BPS_o = ROE \times D' (1+g) / (i-g) = 11.39\% \times 25\%$

$$(1+5\%) / (8.4\% - 5\%)$$

$$= 0.879375$$

实际市净率：$P/BPS = 36.91/9.1473 = 4.0351$

所以，古井贡酒股票每股价值应该小于 36.91 元，市场高估了该股票。

讨论：影响古井贡酒理论市盈率的因素很多：权益报酬率、股利支付率、股利增长率、投资者必要报酬率等；另外，实际市净率之所以很高，但尚在合理范围，也接近白酒行业平均市盈率，这也反映出国内股价普遍较高。

（三）市销率法

由于企业销售收入（销售量）决定了企业市场占有率、盈利能力、产品的竞争力、企业行业和市场影响力等，因此，常用股价和每股销售收入的比值来反映股价是否被市场高估，特别是在企业市场占有率较高，但目前还没有盈利的情况下，市销率更是一个很有效的评估股票价值与股票价格关系的重要参考指标。

市销率（P/S）= 股价/每股销售收入 = 总市值/主营业务收入 = P/SPS

（1）市销率常常反映销售毛利率较大、但目前由于企业战略的实施（如低价快速抢占市场战略）暂时还没有盈利的公司；

（2）市销率剔除容易受操纵的净利润指标，更能真实反映企业真正盈利能力；

（3）市销率一般在（1，10）范围内，如软件企业一般高达 10 倍；

（4）也可以通过右式进行计算：市销率（P/S）= 总市值/主营业务收入；

（5）对于暂时没有盈利的公司，可以直接计算出企业的市销率，然后与行业市销率作比较：

企业 P/S > 行业 P/S，股价偏高；企业 P/S < 行业 P/S，股价偏低

（6）对于盈利正常、成熟的企业，可以使用下面的公式计算企业市销率评估股票价值和股价的关系。

下面以固定股利增长率模型来说明市销率法评估股票价值的过程，当然也

可以直接计算目前暂时盈利很小、甚至亏损、但市场占有率较高、收入很大的企业的市销率，然后和行业平均市销率作比较得出股票价值和价格的关系。

市销率法评估成熟企业价值

对于盈利正常、成熟的企业：

$$PV = D_o(1+g)/(i-g) = EPS_o \times D'(1+g)/(i-g) = SPS_o \times ROS \times D'(1+g)/(i-g)$$

所以，理论市销率 $PV/SPS_o = ROS \times D'(1+g)/(i-g)$

$$\begin{cases} PV/SPS_o = ROS \times D'(1+g)/(i-g) > P/S，说明股票价值高于股价；\\ PV/SPS_o = ROS \times D'(1+g)/(i-g) < P/S，说明股票价值低于股价。 \end{cases}$$

其中，SPS 为每股销售收入，ROS 为销售净利率。

讨论：

如果 ROS 为负或者很小，不能使用以上公式，应该直接使用该公司的股价/SPS 的结果直接和行业平均的市销率比较。

用友网络 2015 年度主营业务收入 433850 万元，总股本 146429.34 万股，2016.4.1 的股价为 21.60 元，求该公司的市销率。

解：市销率（P/S）$= 146429.34 \times 21.60/433850 = 7.29$

用友网络 2016.4.1 市销率为 7.29，接近软件行业平均市销率平均水平。

讨论：

用友网络股票价值高于 21.6 元还是低于 21.6 元？很难给出结论。因为影响股票价值的未来因素无法预测，如果由于市场竞争等原因用友网络未来衰落，显然现在股价高估了，如果未来用友网络由于并购、获得国家采购、进口替代政策执行获益等又快速发展，其股票价值现在被市场低估。现在对未来无法准确预测的情况下，能做的只能给出结论：软件行业中市销率较低的股票被市场相对低估。

（四）托宾 Q 值法

在并购决策中，常常用到托宾 Q 值法来评估并购－重置决策的可行性问题。

托宾 Q＝企业市场价格/重置价格＝总市值/重置成本

1. 托宾 $Q > 1$，应该自己投资建设；

   托宾 $Q < 1$，股价小于股票价值，应该通过购买股票完成并购

2. 重置成本就是建造同样的一个企业所花费的代价，可以简单地用净资产估计；

3. 以上简单决策考虑因素较少，譬如：海螺水泥要进入河南市场，在水泥行业产能过剩、地方政府出于避免重复建设、避免激烈竞争等原因，只能在已有的河南水泥企业股价较低时进行长期股权投资或者相对控股进入河南市场，而不可能在河南建设一个新的水泥厂进入河南市场。

同力水泥 2016.4.1 总市值为 63 亿元，其净资产为 21.6 亿元，求其托宾 Q 值。

解：托宾 Q＝63/21.6＝2.92

讨论：

同力水泥的托宾 Q 远大于 1，不应该并购，当然在河南建造同样的水泥生产企业也不可能，只有等待机会，在股价大幅回落时购入股票。2015 年 12 月 31 日河南投资集团有限公司由于持股 58.83% 而绝对控股，因此即使长期股权投资也只能参股。

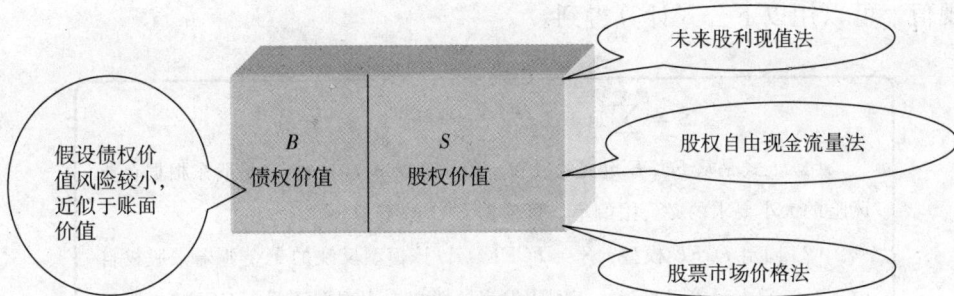

图 4-3　企业价值构成示意图

二、股权价值、债权价值分类评估法评估企业价值

一般来讲，对于上市公司，债务风险很小，可以假设为无风险，因此，债权价值可以用企业承担债务的账面价值来衡量。股权价值有时也称为股票价值，其计算有多种方法。首先可以用未来股利现值法来估算，这在上面内容中已经介绍，不再重复；其次还可以用股权自由现金流量法来评估股权价值。当然，以上两种方法都涉及预测未来的问题，而未来都具有不确定性，因此不论模型设计多么完美，和未来企业真正的发展相比总有疏漏、甚至具有天壤之别。这样，第三种方法市场价格近似法不失为简单而有效的方法，即在有效的市场调节下，用股票总市值来估算公司的股权价值即可。

下面重点介绍股权自由现金流量法来评估股权价值。

（一）股权自由现金流量

股权自由现金流量（$FCFE$）是企业支付期间费用、投资支出、所得税和净债务支付（即利息、本金支付减发行新债务的净额）后可分配给企业股东的剩余现金流量。

> **股权自由现金流量的计算**
>
> $FCFE$ ＝净利润＋折旧与摊销－Δ营运资本－资本支出－税后利息费用
> 　　　　－偿还旧债＋新债
>
> 　　＝净利润－净投资－Δ营运资本－税后利息费用＋债务净增加
>
> 讨论：
>
> $FCFE$ 可分配给股东但未必分给股东，分配给股东的部分形成股利，未分配给股东的部分仍保留在企业内，可供满足企业发展所需。

（二）股权价值的计算

从股权自由现金流量的角度看，股权价值就是股东获得股权自由现金流量的现值，可以用以下公式计算得到。

> $$S = \sum FCFE_t/(1+i)^t \ (t = 1, \ 2, \ 3\cdots)$$
>
> （1）上式是从 $FCFE$ 定义的股权价值一般公式，其中，i 是股东根据企业风险的大小要求的必要报酬率，可依据 $CAPM$ 计算；
>
> （2）固定 $FCFE$ 模型：$S = FCFE_0/i$。该模型反映的是企业未来股权自由现金流量永远等于最近一年刚刚发生的股权自由现金流量（$FCFE_0$），股权价值的计算方法，即永续年金的现值。
>
> （3）固定增长率模型：$S = FCFE_0(1+g)/(i-g)$，其中，g 为股权自由现金流量的增长率，即 $g = (FCFE_{t+1} - FCFE_t)/FCFE_t$
>
> （4）二阶段模型：$S = \sum FCFE_t/(1+i)^t \ (t = 1, \ 2, \ 3\cdots n) + FCFE_0(1+g)^n/[(i-g)(1+i)^n]$
>
> 其中，前 n 年是高速增长阶段，第二阶段符合固定增长率阶段。
>
> 讨论：
>
> （1）以上公式的推导和使用股利计算股权价值推导过程类似，在这里不再赘述。
>
> （2）从股价运行看，处于二阶段模型中的第一阶段的企业股票价值较高而导致股票价格常常很高；而使用股利计算时由于股利支付率在企业高增长阶段常常较低而导致股权价值偏低，和实际股价差异较大。

从股权自由现金流量的角度看，股权价值就是股东在未来获得的股权自由现金流量的现值。该定义和使用股利进行定义的区别是，使用股利进行定义是通过股东实际获得的现金流的现值来衡量自己拥有的股权价值，而使用股权自由现金流量进行定义股权价值是通过可由股东自由支配的股权自由现金流量的现值来估算股权价值。未来每年实际分配给股东的股利和归股东自由支配的股权自由现金流量常常不相等，其原因是发生的时点、税收、股利支付率和计算基础，这样，通过两种方法计算的同一家公司的股权价值很可能不同。

> 濮阳惠成 2015 年财务数据如下：净利 5748.96 万元，资本支出 9305.63 万元，年末固定资产净额为 12401.21 万元，假设折旧率为 5%，财务费用为 180.74 万元，假设 2015 年净债额为 0，营运资本变动额为 2300 万元。
>
> 则：$FCFE =$ 净利润 $-$ 净投资 $-\Delta$ 营运资本 $-$ 税后利息费用 $+$ 债务净增加
> $$= 5748.96 - 9305.63 - 180.74 - 2300 + 12401.21 \times 5\%$$
> $$= -5417.3495$$
>
> 讨论：
>
> 从上式计算结果来看，其股权自由现金流量为负，说明公司 2015 年 IPO 筹资后由于投资项目的实施导致净投资大幅增加，从而在 2015 年归属于股东的股权自由现金流量为负。

三、公司自由现金流量法

（一）公司自由现金流量

美国西北大学拉阿尔弗雷德·拉巴波特（Alfred Rappaport）教授（1986）提出公司自由现金流（FCF）概念：企业产生的、在满足了再投资需求和日常运营之后剩余的、不影响公司持续发展前提下的、可自由分配给企业投资者（股东、债权人）的现金流量。经历 30 多年的发展，特别是一些利润指标优异但由于现金流量周转困难而导致破产的案例越来越多的出现，暴露出利润指标的缺陷，因而，公司自由现金流量成为目前企业价值评估领域广泛使用指标之一，美国证监会（SEC）更是要求上市公司年报中必须披露这一指标。

公司自由现金流量也可以定义为：是由企业创造的、能够由管理者自由支配的属于股东和债权人的现金流量，公司自由现金流用来衡量企业实际持有的能够回报股东和债权人的现金，反映在不影响公司生存与发展的前提下可供分配给股东和债权人的最大现金额。

托马斯·E·科普兰（Thomos E Copeland）教授（1990）比较详尽地阐述了公司自由现金流量的计算方法："公司自由现金流量等于企业的税后净营业利

润（即将公司不包括利息收支的营业利润扣除实付所得税税金之后的数额）加上折旧及摊销等非现金支出，再减去营运资本的追加和物业厂房设备及其他资产方面的投资。"即：

$$FCF = EBIT \times (1 - T_c) + 折旧和摊销 - 资本支出 - \Delta 营运资本$$

（二）公司自由现金流量与股权自由现金流量的区别与联系

从表 4-1 可以看出二者的区别：二者在归属主体、使用的贴现率、贴现后计算对象和指标计算基础等方面存在差异。

表 4-1　FCFF 与 FCFE 区别

	归属对象	贴现率	计算对象	计算基础
FCF	股东、债权人	综合资本成本率	企业价值	息税前利润
FCFE	股东	股东必要报酬率	股权价值	净利润

当然，FCFF 与 FEFE 也有一定联系，表现为以下公式：

公司自由现金流（FCF）＝股权自由现金流（FCFE）＋债权自由现金流

　　　　　　　　　＝股权自由现金流＋支付的利息＋偿还的旧债－新债

（三）公司自由现金流量法计算企业价值

从公司自由现金流量的角度，企业价值可以定义为公司在未来创造的自由现金流量的现值。

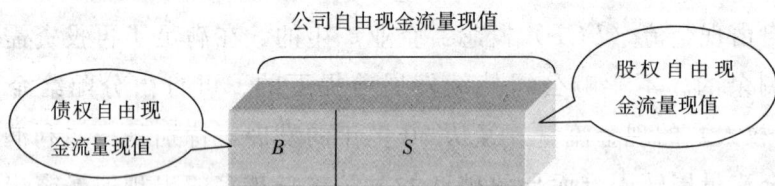

图 4-4　企业价值构成关系

$$V = \sum FCF_t (1 + K_w)^{-t} \quad (t = 1, 2, 3 \cdots)$$

1. K_w 为企业综合资本成本率，$K_w = B/(B + S_L)K_b(1 - T_c) + S_L/(B + S_L)K_S$

2. 上述模型是个一般模型，可以对未来的 $FCFF_t$ 做出假设得出以下模型：

（1）固定模型：$V = FCF_o / K_w$

（2）固定增长率模型：$V = FCF_o (1 + g) / (K_w - g)$

（3）二阶段模型：$V = FCF_o (1 + g)^t / (1 + K_w)^t \ (t = 1, 2, 3 \cdots) + FCF_o (1 + g)^n (1 + g_n) / [(K_w - g_n)(1 + K_w)^n]$

3. 对于企业未来 FCF 的贴现，严格来讲，不同发展时期和发展阶段，由于风险、市场利率水平等因素的变化会导致 K_w 发生变化，因此应该对未来的 K_w 分时期和阶段做出估计，但这会导致计算困难倍增，因此，可以用一个恒久不变的 K_w 对未来的 FCF 进行贴现。

从贵州茅台公布的 2015 年度财报可以看出，净利 1550309.03 万元，财务费用 -6726.68 万元，假设固定资产折旧率为 5%，固定资产年末为 1141595.32 万元，2015 年共两项固定资产投资：技改工程及配套设施建设项目，分别已经投资 138431.27 万元、333018.27 万元，2015 年流动资产 6500451.40 万元，流动负债 2005172.30 万元，2014 年流动资产 4757092.91 万元，流动负债 1054384.44 万元。假设未来公司自由现金流量的增长率为 4%，2015 年末公司资产为 8630146.34 万元，负债为 2006729.30 万元，假设股权资本成本率为 6%。求贵州茅台企业价值。

解：2015 年 $FCFF_o = EBIT \times (1 - T_c) +$ 折旧和摊销 - 资本支出 - Δ 营运资本

$\quad = $ 净利 $+ I (1 - T_c) +$ 折旧和摊销 - 资本支出 - Δ 营运资本

$\quad = 1550309.03 - 6726.68 (1 - 25\%) + 1141595.32 \times 5\% - (138431.27 + 333018.27) - [(6500451.40 - 2005172.30) - (4757092.91 - 1054384.44)]$

$\quad = 1550309.03 - 5045.01075 + 57079.766 - 471449.54 - 4495279.1 + 3702708.47 = 338323.61525$（万元）

资产负债率 $= 2006729.30 / 8630146.34 = 0.2325$

$K_w = 0.2325 \times (-6726.68 / 2006729.30)(1 - 25\%) + 0.7675 \times 6\% = 4.55\%$

企业价值 $V = 338323.61525 / (4.55\% - 4\%) = 61513384.59090909$ 万元。

对于贵州茅台案例的讨论

讨论：

1. 由于企业财务费用为负，所以企业本年度收到的银行存款利息高于银行借款利息，故债权资本成本率为负；

> 2. 对未来 $FCFF$ 增长率假设会对企业价值产生显著影响；
>
> 3. 股权价值 $S = V \times (1-$资产负债率$) = 61513384.59090909 \times 0.7675 = 47211522$ 万元，而 2015 总市值为 $125619.78 \times 245.52 = 30842168.3856$。

四、EVA 法

20 世纪 80 年代初，美国斯特恩·斯图瓦特（Stern Stewart）咨询公司首次提出经济增加值（Economic Value Added，简称为 EVA）的概念来评估企业经营业绩，之后股东、债权人、评估机构等广泛采用这个指标来评价企业经营管理状况和管理水平，而且还引入价值评估领域来评估企业价值，我国政府目前也广泛使用这个指标来评价国有企业管理者取得的业绩。斯特恩·斯图瓦特咨询公司还在美国《财富》杂志上利用 EVA 和其他相关指标发布上市公司《财富创造和毁灭排行榜》，在我国，思腾思特（中国）公司（Stern Stewart China）与《财经》杂志合作，从 2001 年开始推出《中国上市公司财富创造和毁灭排行榜》。

（一）EVA

EVA 是指企业利用投资者（股东和债权人）投入的资本获得的收益超出资本成本的差额部分，简称为经济增加值。如果企业产生的资本收益超过投资者必要报酬率，则 EVA 为正，那么，企业为股东和债权人创造了价值；如果企业产生的资本收益小于投资者必要报酬率，则 EVA 为负，那么，企业不但没有为股东创造价值，还因为企业价值损失而让股东遭受股东财富减少，此时，债权人也可能遭受债权价值减少；如果 EVA 恰好为零，则企业创造的利润恰恰只能满足投资者要求的收益，企业没有为投资者带来额外价值。

之所以要引入 EVA 来代替公司自由现金流量评估企业整体价值，其原因就是公司自由现金流量是个容易受到操纵的指标，管理者可以通过坏账准备、固定资产减值准备、存货跌价准备来影响息税前利润，而另外一些企业重大决策如战略性投资等在公司自由现金流量中并没有被反映出来，这些都会影响公司自由现金流量评估企业价值的准确性。

> $$EVA = NOPAT - IC \times K_w$$
>
> 1. $NOPAT$：调整税后的净营业利润，IC：投入的总资本；
>
> 2. $NOPAT =$ 营业利润＋财务费用＋当年计提的各种准备＋投资收益－ EVA 税收调整项；

3. EVA 税收调整项＝所得税＋T_c（财务费用＋营业外支出－当年计提的固定资产、无形资产、在建工程准备金－营业外收入－补贴收入）；

4. IC＝债务资本＋股权资本＋约当股权资本－在建工程净值；

5. 约当股权资本＝当年计提的各种准备；

6. 在建工程由于还没有投入企业的生产运营，是管理者无法利用的资产，因此从 IC 中去掉来正确反映管理者利用的资产数量取得的绩效；

7. 还需调整的其他项目：研发费用、市场开拓费应该分期摊销；商誉应该作为无形资产对待，不进行摊销；战略性投资在没有产生利润前不应该计算其资金成本；应该剔除营业外收支。

讨论：

1. 通过 EVA 计算的是企业价值，因此 EVA 应该既包括股东获得的，又包括债权人获得的，所以把债权人获得的利息形成的财务费用加到 $NOPAT$ 中；

2. 各种准备是外部因素造成的，不是管理人员造成的，并且内部人可能通过计提准备操纵利润，因此加回到 $NOPAT$ 中；

3. EVA 调整的目的：（1）摆脱会计核算过分谨慎的影响，使得 EVA 更能真实准确反映企业本质和发展潜力；（2）设计的 EVA 指标尽量起到杜绝内部人盈余操纵和会计舞弊的作用；（3）培养内部人发展企业的长期意识；

4. 选择调整会计项目时应该遵循的原则：（1）重要性：拟调整的项目金额较大，如果不调整会严重扭曲公司的真实状况；（2）可影响性：内部人能够影响被调整项目；（3）现金流量原则：尽量反映公司现金收支的实际情况，避免内部人假借会计核算准则操纵利润。

（二）企业价值的计算

可以通过以下公式使用 EVA 来计算企业价值。

$$V=IC+\sum EVA_t/(1+K_w)^t \ (t=1,2,3\cdots)$$

1. 如果未来 $EVA_t=EVA_o$，则 $V=IC+EVA_o/K_w$；

2. 如果未来 $EVA_t=EVA_{t-1}(1+g)$，则 $V=IC+EVA_o(1+g)/(K_w-g)$；

3. 如果未来 EVA 符合两阶段模型（第一阶段 EVA 增长率为 g，第二阶段增长率为 g_n），则：

$$V=IC+\sum EVA_t/(1+K_w)^t \ (t=1,2,3\cdots n)+EVA_o(1+g)^n(1+g_n)/[(K_w-g_n)(1+K_w)^n]。$$

> 讨论：
>
> EVA 法评估企业价值就是在 IC 基础上增加的价值，IC 是股东和债权人投入的价值，不是企业经营管理创造的价值，只有在 EVA 的现值 >0 的条件下，企业才为股东和债权人创造了额外的价值。

从贵州茅台公布 2015 年财报来看，营业利润 2215899.20 万元，财务费用－6726.68 万元，投资收益 309.53 万元，营业外收支净额－22063.08 万元，2015年共两项在建的固定资产投资：技改工程及配套设施建设项目，分别已经投资138431.27 万元、333018.27 万元，所得税为 653253.81 万元，2015 年末公司资产为 8630146.34 万元，所得税率为 25%，企业的综合资本成本率为 4.55%，假设未来 EVA 年均增长率为 1%。通过 EVA 法计算该企业价值。

解：

$NOPAT=$营业利润＋财务费用＋当年计提的坏账准备、存货跌价准备、投资减值准备、委托贷款减值准备＋投资收益－所得税－T_c（财务费用＋营业外支出－当年计提的固定资产、无形资产、在建工程准备金－营业外收入－补贴收入）

$=2215899.20-6726.68+309.53-653253.81-25\%$（$-6726.68+22063.08$）

$=1552394.14$

$IC=8630146.34-138431.27-333018.27=8158696.8$

所以，2015 年 $EVA_0=NOPAT-IC \times K_w=1552394.14-8158696.8 \times 4.55\%=1181173.4356$

所以，$V=1181173.4356（1+1\%）/（4.55\%-1\%）=33605216.0551$（万元）

讨论：

1. 由于企业负债 2006729.30 万元，因此股权价值 $S=V-B=33605216.0551-2006729.30=31598486.7551$ 万元，而 2016.3.6 贵州茅台总市值为 $125619.78 \times 245.52=30842168.3856$ 万元，可见，利用以上数据使用 EVA法评估的股权价值和市场价格很是接近；

2. 不同的评估方法结果不同，原因可能是方法本身使用的指标差异性，也可能是因为假设条件不同造成的；

3. 理论价值和市场价值的差异可能是因为理论价值计算方法的问题，但也可能是市场因素造成的市场价格偏离了真实的价值轨道。

五、案例：万达私有化的想法

2016 年 3 月 30 日晚间，万达商业宣布将进行自愿全面收购要约，一旦落实，会导致万达商业私有化及万达商业在香港联交所摘牌，筹谋已久的回归 A 股计划也将实施。

按照万达商业的披露，目前万达商业的控股股东已告知公司，正在初步考虑就 H 股进行一项自愿全面收购要约。鉴于上述初步考虑还在进行当中，因此并不保证此项自愿全面收购要约、私有化以及除牌将会进行，受限于相关法律法规，对于是否以及如何进行向公司内资股股东提出要约也在考虑之中。

如进行自愿全面收购要约并且发出正式要约，H 股的要约价将不会低于每 H 股 48 港元现金，溢价收购表现出了万达商业控股股东对于公司的信心和未来股价的看好。而 2016 年 3 月 30 日，其股价 38.8 港元/每股，万达商业的已发行股本总额为 652547600 股 H 股以及 3874800000 股内资股。而控股股东拥有万达商业 1979000000 股内资股（约占公司全部已发行股份的 43.71%）的权益。

登陆香港资本市场不到两年、曾经创造了 2014 年港交所最大 IPO 的万达商业，如今却要启动私有化，行业人士看来此次的私有化与万达商业去年披露的登陆 A 股计划息息相关。2014 年 12 月 23 日，万达商业地产在香港联交所主板挂牌交易，招股价格定于 48 港元，募集资金达到 288 亿港元，然而在港上市之后却没有享受到投资者青睐。万达商业市值被低估是行业共识，昨日万达商业收盘价格为 38.8 港元/股，折合市盈率仅 4.62 倍，而与上市时的 48 港元/股相比，万达商业股价下挫 19%。

万达商业的业务集中在三大板块：投资物业租赁及物业管理业务、酒店业务、物业开发及销售业务。根据该公司最新发布的财报，2015 年万达商业的总收入达到了 1242 亿元，较 2014 年增长 15.14%；该公司的核心溢利为 170.16 亿元，较 2014 年增长了 14.79%。

在万达商业 A 股新股发行之前，公司实际控制人王健林直接持有 6.788% 股权，并通过万达集团间接持有 43.712% 股权，此外王健林的妻子林宁也持有 3.181% 股份。因此在新股发行后，王健林仍为公司实际控制人。

实际上，早在 2015 年 8 月万达商业回归 A 股的方案获得了该集团内资股股东 100% 的支持、H 股股东 99.8% 的支持，万达商业此时便透露出了回归 A 股的计划。到了 2015 年 11 月，这家商业地产巨头便在证监会官网上披露其招股说明书申报稿。A 股市场的较高估值是包括万达商业在内的企业们共同觊觎的。

回归 A 股在情理之中，但是万达商业这个商业巨头又能否顺利登陆 A 股呢？对此业内看法不一。有分析认为，这一年多来除了绿地等少数国企借壳上市之外，尚未有其他房地产企业成功通过 IPO 登陆 A 股，且在经济转型的背景下，新兴产业有望获得更多上市机会，而对于体量庞大、业务丰富的大型房企而言，难度较大。香港粤海证券投资银行董事黄立冲此前也表示，将经营成熟的子业务板块分拆出来在 A 股上市也许是更好的途径，不过，万达商业正在转型的"轻资产"或许能够将故事讲得更好。

澎湃新闻

结合案例，请回答如下问题：

1. 万达商业两年前在香港联交所 IPO 后而今为何要私有化？

2. 请收集 2015 年财务数据和其他相关资料，依据市盈率法、市净率法、市销率法、股权自由现金流量法、公司自由现金流量法、EVA 法评估万达商业的股票价值。

3. 如何理解不同评估方法所带来的有差异的结果？

4. 假设万达商业私有化成功并在国内上交所实现 IPO，用比较分析法找一个可比公司股价，猜想万达商业在上交所的股价可能是多少。

5. 分析不同市场、同一公司股票价格差异的原因。

第五章 特殊的筹资方式

本章学习目标：

● 掌握可转债价值构成和计算；

● 掌握经营租赁和融资租赁区别、租赁费的计算、租赁出现的原因；

● 掌握私募过程、意义；

● 理解互联网金融发展意义、形式、存在的问题。

一、可转债

（一）可转债的含义

可转债（convertible bond），（又称可转换公司债券，简称可转债）是指其持有者（投资者）可以在一定时期内按一定比例或价格将之转换成一定数量的发行公司普通股的特殊债券，它兼具债权、股票期权的特征，即它拥有普通股所不具备的固定收益能力和一般债券不具备的标的公司股价上涨而实施转换所带来的升值潜力，其缺点是由于股票期权属性增强了其吸引力而降低了债券票面利率所带来的收益性。

也有的可转换债券还有可回售性、可赎回性，也就是说，这种债券的投资者享有在一定条件下将债券回售给发行人的权利，发行人在一定条件下也拥有强制赎回债券的权利，即具有双重选择权的特征：一方面，投资者可自行选择是否转股，并为此只能获得可转债利率较低的利息，如果股价低于一定程度并在未来不可能再转股，则投资者拥有把可转债按一定保护价格卖给发行人的权利，这保护了投资者的利益。另一方面，如果可转债在未来一定期间股价持续高于设定的价格，则发行人拥有实施赎回可转债的选择权，并为此要支付比没有赎回条款的转债更高的利率，这显然保护了发行人的利益。双重选择权是可转换公司债券最主要的金融特征，它的存在使投资者和发行人的风险、收益限定在一定的范围内，并可以利用这一特点对股票进行套期保值，获得更加确定的收益。

1996 年我国政府决定选择符合条件的公司发行可转债的试点，1997 年颁布

可转换债券		
债券性质		股票性质
可回售	可赎回	股票期权
三重选择权		

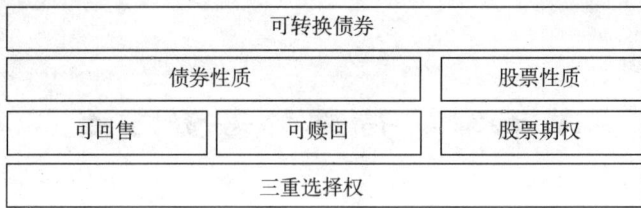

图 5-1　可转债性质分解图

了《可转换公司债券管理暂行办法》，2001 年 4 月证监会发布了《上市公司发行可转换公司债券实施办法》，规范、促进可转债的发展。

（二）可转债要素

可转债要素包括有效期限、转换期限、票面利率、票面金额、转换比例、转换价格、赎回条款、回售条款等。

1. 有效期限和转换期限

可转债有效期限与一般债券相同，指债券从发行之日起至偿清本息之日止的存续期间；转换期限是指可转债可转换为普通股票的起始日至结束日的期间。大多数情况下，发行人都规定一个特定的转换期限，在该期限内，允许可转债的持有人按转换比例或转换价格转换成发行人的股票。我国《上市公司发行可转换公司债券实施办法》规定，可转换公司债券的期限最短为 3 年，最长为 5 年，自发行之日起 6 个月方可转换为公司股票。

2. 票面利率、票面金额

可转债的票面利率是指可转债作为一种债券时的票面利率，发行人根据当前市场利率水平、公司债券评级和发行条款确定，一般远远低于相同条件的不可转债。可转换公司债券应半年或 1 年付息 1 次，到期后 5 个工作日内应偿还未转股债券的本金及最后一期利息，吸引投资者的不是可转债的票面利率，而是正股价格上涨所带来的可转债价格的上涨和选择转换成正股的权利价值。

可转债的票面金额是计算每期票面利息、转换比例的基础，票面金额还是投资者持有债券到期的获得的本金偿还部分，目前国内发行的可转债票面金额常常为 100 元。按照票面金额和发行价格的关系，债券发行方式有三种：折价发行、溢价发行、平价发行，企业可以采取其中一种方式来发行。

3. 转换价格、转换比例

影响可转债收益的除了可转债的票面利率、票面金额外，还有可转债的换股条件，也就是转换价格，它是指可转债转换为每股普通股份所支付的价格，即转换成一股股票所需的可转债的面值。转换比例是指每张可转债可转换成普通股票的股数。它们存在以下关系：

$$转换比例＝可转债面值／转换价格$$

4. 赎回条款与回售条款

赎回是指发行人在发行一段时间后，可以在满足一定条件下提前赎回未到期的发行在外的可转换公司债券，赎回条件一般是当公司股价在一段时间内连续高于转换价格达到一定幅度时，公司可按照事先约定的赎回价格买回发行在外尚未转股的可转换公司债券。而回售是指公司股票在一段时间内连续低于转换价格达到某一幅度时，可转换公司债券

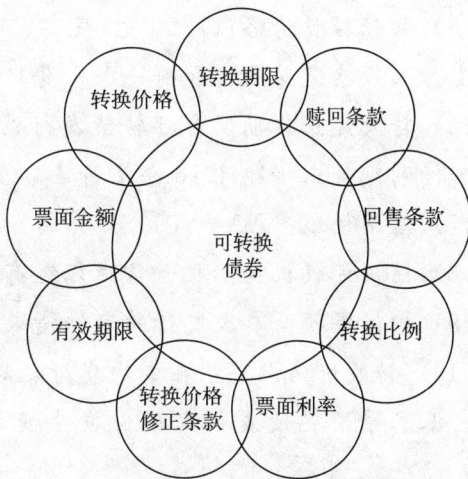

图 5-2　可转债的要素

持有人按事先约定的价格将所持可转债卖给发行人的行为。

赎回条款和回售条款是可转债在发行时规定的赎回行为和回售行为发生的具体市场条件，显然，赎回条款保护了发行人的利益，而回售条款保护了投资者的利益。

5. 转换价格修正条款

转换价格修正是指发行公司在发行可转债后，由于公司股利分配、送股、配股、增发股票、分立、合并、拆细及其他原因导致发行人股份发生变动，引起公司股票名义价格下降时而对转换价格所做的必要调整。

三一重工公开发行的可转债

三一重工公开发行可转换公司债券已获得中国证券监督管理委员会证监许可〔2015〕3090 号文核准。本次发行人民币 45 亿元可转债，每张面值为人民币 100 元，共计 4500 万张，450 万手。按面值发行，

（1）债券期限：本次发行的可转债期限为自发行之日起六年，即自 2016 年 1 月 4 日至 2022 年 1 月 3 日。

（2）票面利率：第一年为 0.2％、第二年为 0.5％、第三年为 1.0％、第四年为 1.5％、第五年为 1.6％、第六年为 2.0％。

（3）债券到期偿还：在本次发行的可转债期满后五个交易日内，发行人将以本次发行的可转债的票面面值的 106％（含最后一期年度利息）的价格向投

资者兑付全部未转股的可转债。

(4) 付息方式：本次发行的可转债采用每年付息一次的付息方式，计息起始日为本可转债发行首日，即 2016 年 1 月 4 日。

(5) 初始转股价格：7.50 元/股。（不低于《募集说明书》公告前二十个交易日发行人股票交易均价和前一个交易日交易均价的高者）。

(6) 转股起止日期：自可转债发行结束之日满六个月后的第一个交易日起至可转债到期日止（即 2016 年 7 月 4 日至 2022 年 1 月 3 日止）。

(7) 信用评级：AA+。

(8) 信用评级机构：联合信用评级有限公司。

(9) 担保事项：本次发行的可转债未提供担保。

(10) 转股价格调整：在本次发行之后，当发行人发生送红股、增发新股或配股、派息等情况使发行人股份发生变化时，将按下述公式进行转股价格的调整：

$$P_1 = (P_0 - D + A \times k) / (1 + n + k)$$

P_1 为调整后转股价，P_0 为初始转股价，n 为送股或转增股本率，k 为增发新股或配股率，A 为增发新股价或配股价，D 为每股派息，债转股而增加的股本。

(11) 转股价格修正：在本可转债存续期间，当本公司股票出现在任意连续 20 个交易日中至少 10 个交易日的收盘价低于当期转股价格 90% 的情况，公司董事会有权提出转股价格向下修正方案并提交本公司股东大会表决。

(12) 到期赎回条款：在本次发行的可转债期满后五个交易日内，本公司将以本次发行的可转债的票面面值的 106%（含最后一期利息）的价格向投资者赎回全部未转股的可转债。

(13) 有条件赎回条款：在本可转债转股期内，如果公司股票任意连续 30 个交易日中至少有 15 个交易日的收盘价不低于当期转股价格的 130%（含 130%）或未转股余额不足 3000 万元，公司有权按照债券面值加当期应计利息赎回部分或者全部转债。若在上述交易日内发生过转股价格调整的情形，则在调整前的交易日按调整前的转股价格和收盘价格计算，在调整后的交易日按调整后的转股价格和收盘价格计算。

(14) 有条件回售：自本次可转债第五个计息年度起，如果公司股票收盘价连续 30 个交易日低于当期转股价格的 70%，可转债持有人有权将其持有的可转债全部或部分按面值的 103%（含当期计息年度利息）回售给公司。若在上述交易日内发生过转股价格调整的情形，则在调整前的交易日按调整前的转股价格和收盘价格计算，在调整后的交易日按调整后的转股价格和收盘价格计算。

（15）附加回售：在本次发行的可转债存续期间内，如果本次发行所募集资金的使用与公司在募集说明书中的承诺相比出现重大变化，根据中国证监会的相关规定可被视作改变募集资金用途或者被中国证监会认定为改变募集资金用途的，可转债持有人享有一次回售的权利。可转债持有人有权将全部或部分其持有的可转债按照103元（含当期应计利息）回售给公司。持有人在附加回售条件满足后，可以在公司公告后的附加回售申报期内进行回售，本次附加回售申报期内不实施回售的，不应再行使附加回售权。

（三）可转债价值构成

可转债价值表现为两种形式：如果投资者持有到期，那就是纯债券，其价值就是投资者按期获得的利息和到期获得的票面金额的现值，此时投资者获得的收益较低；另一种表现形式是投资者在转换期内把可转债转换成股票所获得的转换价值，此时投资者因把债券转换成股票承担较高风险，可能获得较高的收益，当然也可能受到损失；可转债还有一部分权利价值，就是在转换期没有结束之前的转换权的价值，转换权之所以有价值，是因为当股价上涨时，投资者可按原定转换比率转换成股票，从而获得股票增值的收益；如果股价较低转换无利可图，投资者可以继续持有债券，投资者因为多了一个选择权利而具有价值；如果发行人有赎回权，要减去赎回权价值。

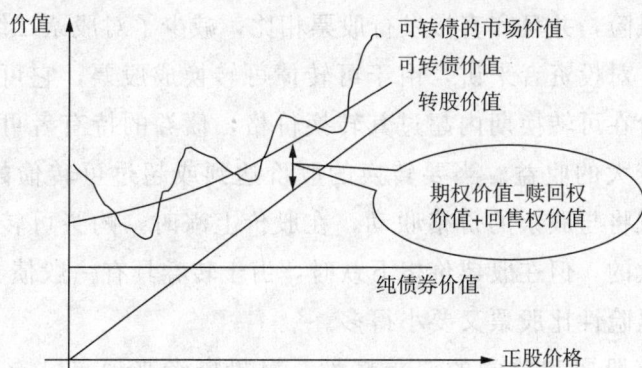

图5-3　可转债价值构成示意图

具体来讲，可转债价值是纯债券价值（或转股价值）与期权价值之和，影响因素主要包括正股价格、转股价、正股与转债规模、正股股价收益率的标准差、所含各式期权的期限、市场无风险利率、同资质企业债到期收益率等。期权价值可以采用二叉树、随机模拟等数量化方法确定，主要是所含赎回、回售、修正、转股期权的综合价值。转债理论价值与纯债价值、转股价值的关系是，当正股价格下跌时转债价格向纯债价值靠近，在正股价格上涨时转债价格向转股价值靠近，转债价格高出纯债价值（或转股价值）部分为转债所含复杂期权的市场价格。可以用下面公式表示：

$$可转债价值＝MAX［纯债券价值，转换价值］＋期权价值$$

$$－赎回权价值＋回售权价值$$

> 可转债价值＝MAX［纯债券价值，转换价值］＋期权价值
>
> －赎回权价值＋回售权价值
>
> 1. 纯债券价值＝可转债未来利息的现值＋未转换持有到期获得面额的现值；
>
> 2. 转换价值＝（面额/转换价格）＊股票价格＝转换比例＊股票价格；
>
> 3. 如果已经存在可转债的市场价值，可以用以下公式来近似评估：
>
> 期权价值－赎回权价值＋回售权价值≈可转债的市场价值－MAX［纯债券价值，转股价值］

（四）可转债存在的意义

对企业来讲，可转债的意义在于，如果投资者持有到期，企业以较低的利息代价获得资金筹集和使用；如果投资者把债券转换成股票，企业就减少了相应的债务，降低企业资产负债率，相当于发行股票筹集了资金，降低了财务负担和企业财务风险，并且和直接发行股票相比，减少了对股票二级市场的冲击。

另一方面，对投资者来讲，由于可转债可转换成股票，它可弥补利率低的不足。如果股价在可转换期内超过其转换价格，债券的持有者可能将债券转换成股票而获得较大的收益。当要转换的股价达到或超过可转债的换股价格后，可转债的价格就将与股票的价格联动，在股价上涨时，购买可转债与投资股票的收益率是一致的，但在股票价格下跌时，由于转券具有一般债券的保底性质，所以可转债的风险性比股票又要小得多。

可转债具有股票和债券的双重属性，对投资者来说是"有本金保证的股票"。可转债之所以对投资者具有较强的吸引力，其原因具体分析有以下几点。

1. 可转债使投资者获得最低收益权

可转债与股票最大的不同就是它具有债券的特性，即便当它失去转换意义后，作为一种低息债券，它仍然会有固定的利息收入，这时投资者以债权人的身份，可以获得固定的本金与利息收益。如果实现转换，则会获得出售普通股

的收入或获得股息收入。可转债对投资者具有"上不封顶，下可保底"的优点，当股价上涨时，投资者可将债券转为股票，享受股价上涨带来的盈利；当股价下跌时，则可不实施转换而享受每年的固定利息收入，待期满时偿还本金，并且回售条款的存在也保护了不因正股价格的下降而导致较低的债券属性的收益。

2. 可转债能够获得稳定的利息收入

投资者在持有可转债期间，可以取得定期的利息收入，通常情况下，可转债每年或每半年获得一次利息收入，而且可转债票面利率一般高于正股分配得股利收益。

3. 可转债比股票有优先求偿权

可转债属于次等信用债券，在清偿顺序上，同普通公司债券、长期负债（银行贷款）等具有同等追索权利，但清偿次序上排在一般公司债权（普通公司债券、银行贷款）之后，而在优先股和普通股之前，可得到优先清偿的地位。

二、租赁

（一）租赁的含义

私有制是租赁产生的基础：私有制产生了所有权，所有权人根据所有权暂时出让使用权、收取一定的使用费用，从而产生了租赁。租赁是指按照达成的契约协定，出租人把拥有的固定资产（包括动产和不动产）在特定时期内的使用权转让给承租人，承租人按照协定支付租金的交易行为。

> **租赁的特征**
>
> （1）租赁一般采用融通设备使用权的租赁方式，以达到融通资金的主要目的。对出租人来说，它是一种金融投资的新手段；对承租人来说，它是一种降低购买资产风险、筹措资金的新方式；
>
> （2）租赁设备的使用限于工商业、公共事业和其他事业，一般不包括个人消费用途；
>
> （3）租金是融通资金的代价，包含了租赁的固定资产相关成本（购置成本、运输成本、安装成本、维护和保养成本等）和利息；
>
> （4）租期内，设备的所有权归出租人，使用权归承租人。

租赁期限，简称为租期，指出租人出让物件给承租人使用的期限。物品的租赁期限不得超过二十年，超过二十年的，超过部分无效。租赁期间届满，当事人可以续订租赁合同，但约定的租赁期限自续订之日起不得超过二十年。

最初的租赁物主要是土地、建筑物等不动产。1952年，世界上第一家专业租赁公司——美国租赁公司正式成立，其后租赁范围逐步扩展到以企业生产、加工、包装、运输、管理所需的机器设备等动产领域。

（二）租赁分类

租赁可从不同的角度进行分类。从租赁的目的划分，可分为融资租赁和经营租赁；从避税角度划分，有正式租赁和租购式租赁；从交易对象划分，有直接租赁、杠杆租赁、回租租赁和转租赁等。

1. 融资租赁

（1）融资租赁的定义

融资租赁是设备租赁的基本形式，指的是出租人应承租人的租赁申请购买设备供承租人长期使用的、出租人按期收取租金的行为，融资租赁是承租人以融通资金为主要目的。2013年10月1日实施的《融资租赁企业监督管理办法》表述，融资租赁直接服务于实体经济，对促进装备制造业发展、中小企业融资、企业技术升级改造、设备进出口、商品流通等方面有重要作用。

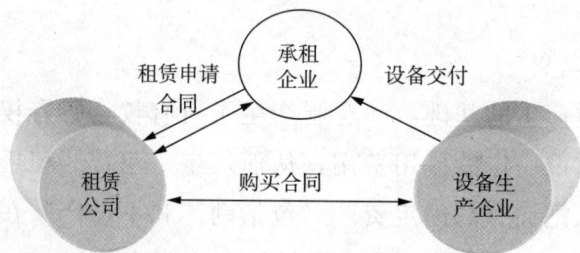

图 5-4 融资租赁示意图

（2）融资租赁的特点

> ① 不可撤销。这是一种不可解约的租赁，在基本租期内双方均无权撤销合同。
>
> ② 完全付清。在基本租期内，设备只租给同一个承租企业使用，承租人支付租金的累计总额为设备价款、利息及租赁公司的手续费之和。承租人付清全部租金后，承租人有优先购买设备的权利。
>
> ③ 租期较长。基本租期一般相当于设备预计使用寿命 75% 以上。
>
> ④ 承租人负责设备的选择、保险、保养和维修等；租赁公司负责支付设备相关购置成本，按期出租，以及享有设备的期末残值。

（3）融资租赁成立的法律条件

由于融资租赁和经营租赁对企业报表影响、纳税影响等的差异性，各国法律对一项租赁是否符合融资租赁有着严格的规定。我国《企业会计准则—租赁》

规定，符合下列特征之一的，承租人要将一项资产作为融资租赁会计处理。

> （1）承租期满，所有权归承租人所有；
> （2）租赁合同中承租企业以有利的价格购买租赁资产或拥有优先购买权；
> （3）租赁期限为资产预计的经济寿命的75％以上；
> （4）租赁开始时，最低租赁付款额的现值占资产公允价值的90％以上。

（4）融资租赁－购买决策

在融资租赁中，出租人实际上已将租赁所有权所引起的成本和风险全部转让给了承租人。为什么承租人用融资租赁来代替购买？主要原因是通过融资租赁可以避免短期内因购买设备而导致现金大量流出企业，所以融资租赁重在融资，这反映承租企业现金流量较为紧张的财务状况。

如果企业资金足够，企业应该融资租赁还是通过购买来获得设备的使用权？M－D－B公式为这种决策提供了理论依据。

> **Myers－Dill－Bautista 公式**
>
> ① $V_o = I - \sum [P_t(1-T) + BT]/(1+r*)^t (t = 1, 2 \cdots H)$
>
> V_o：租赁净优势，I：购买价格，P_t：租赁费，T：所得税率，$r* = r(1-T)$，r：借款利率，B：折旧额；
>
> ② M－D－B公式用于融资租赁－购买决策。
>
> 某企业需要某设备，可以负债购买或融资租赁该设备，该设备寿命为10年。如果购买，购价100万元，直线法折旧；如果融资租赁，每年租赁费15万元，债务资本成本率为10％，所得税率为25％。利用M－D－B公式判断该公司应该购买还是融资租赁。
>
> 解：$V_o = I - \sum [P_t(1-T) + BT]/(1+r*)^t (t = 1, 2 \cdots H)$
>
> $\quad = 100 - \sum (15 \times 0.75 + 10 \times 25\%)/(1+7.5\%)^t (t = 1, 2 \cdots 10)$
>
> $\quad = 100 - 94.38 = 5.62 > 0$，租赁净优势 $V_o > 0$，所以应该融资租赁。
>
> 讨论：融资租赁重在融资，如果承租企业资金足够，采取融资租赁形式由于租赁公司要获得合理利润而导致承租企业要比直接购买承担更多的成本，但该案例给出了"应该融资租赁"的结论，为什么呢？主要原因：
>
> ① 直接购买支付的是现值，而融资租赁支付的租赁费是在未来每年末支付，贴现后将变小；

> ② 由于直接购买需要负债购买，而债务资本成本率（10%）较高，即使 10%（1−25%）＝7.5%作为贴现率也将使得未来流出的租赁费的现值大幅降低；
>
> ③ 租赁费的抵税效应使得企业实际承担的租赁费 P_t（1−T）得到下降。

2. 经营租赁

（1）经营租赁的定义

经营租赁是以获得租赁物的短期使用权并享受租赁公司服务为目的一种租赁形式。

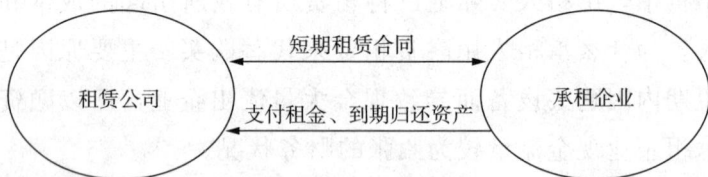

图 5-5　经营租赁示意图

（2）经营租赁的特点

> ① 可撤销性。经营租赁是一种可解约的租赁，在合理的条件下，承租人预先通知出租人即可解除租赁合同，或要求更换租赁物；
>
> ② 经营租赁的期限一般比较短，远低于租赁物的经济寿命；
>
> ③ 不完全付清性。经营租赁的租金总额一般不足以弥补出租人的租赁物成本并使其获得正常收益，出租人在租赁期满时将其再出租或在市场上出售才能收回成本，因此，经营租赁不是全额清偿的租赁；
>
> ④ 出租人不仅负责提供设备，而且要提供各种专门的技术设备维护、修理、保险和服务，也就是说，承租人除了要获得设备的使用权，还享受到出租人的专业服务，因此经营租赁又叫服务租赁。

（3）经营租赁中的风险与收益

当然，拥有一项固定资产是要承担一定风险和成本的，所有权所引起的成本主要有因租赁物的维修、保险、管理所花费的成本。

所有权风险则主要包括两个方面：

① 转让风险。一企业拥有某项资产后如因某种原因须将其出售变现，因为设备的专用性，往往因为需求方较少而要蒙受一定的损失，以低于市场价值的价格才能转让。

② 技术更新风险。企业拥有的设备有可能因更节能、更环保、自动化程度

更高的同类设备出现，或因技术进步使同样设备的价格下降而贬值，从而使企业蒙受损失。

　　显然企业要避免所有权风险，可以采用经营租赁的方式来解决需要的固定资产，把所有权风险转移给租赁公司。经营租赁中租赁物所有权引起的成本和风险全部由租赁公司承担，租赁公司为什么要进行经营租赁呢？其原因是租赁公司拥有资金、技术，通过多次反复租赁并提供服务收回成本、实现收益，所以其租金一般较融资租赁为高。

　　对于承租企业来讲，它可能只需短期使用该资产，尽管短期内每期支付租赁费较高，但由于使用期限短而租赁费用总额并不高，如果购买设备会导致大量资金流出企业并且不需要使用设备时面临变现困难的窘境。

　　（4）经营租赁－购买决策

Myers-Dill-Bautista 扩展公式

(1)$V_o = I - \sum [P_t(1-T) + BT]/(1+r*)^t (t = 1, 2 \cdots H) + P$

　　因为经营租赁的可撤销性，在对承租人不利的条件下，承租人可以撤销合同，因此租赁净优势中多了一个卖权价值。

　　（2）M－D－B 扩展公式用于经营租赁租赁－购买决策。

　　某企业需要某设备，可以负债购买或经营租赁该设备，该设备寿命为 10 年。如果购买，购价 100 万元，直线法折旧；如果租赁，每年租赁费 15 万元，债务资本成本率为 10%，所得税率为 25%。

四年后未来现金流量的总现值和概率分布

现金流量现值	20	40	60	80	100
概　率	0.1	0.2	0.4	0.2	0.1

利用 M－D－B 扩展公式求该公司租赁净优势。

　　解：承租人采用经营租赁，四年后可撤销权的条款赋予其在不利情况下不再续签合同，实际上相当于在不利条件下按照 60 万元卖出；在对承租人有利条件下，公司将续签合同。显然，公司拥有设备卖权，约定价格为 60 万元，期限四年。

四年后未来现金流量的总现值和概率分布

现金流量现值	40	20	0	0	0
概　率	0.1	0.2	0.4	0.2	0.1

以 2% 为无风险收益率，用二项树模型计算的卖权价值 P 为：

$$P = (40 \times 0.1 + 20 \times 0.2)/(1 + 2\%)^4 = 7.39(万元)$$

所以该经营租赁卖权价值为 7.39 万元，这样，租赁净优势扩大为：

$$V_o = I - \sum [P_t(1 - T) + BT]/(1 + r*)^t(t = 1, 2\cdots H) + P$$

$$= 100 - \sum (14 \times 0.75 + 10 \times 25\%)/(1 + 7.5\%)^t(t = 1, 2\cdots 10) + 7.39$$

$$= 13.01 > 0$$

讨论：和融资租赁相比，由于经营租赁"可撤销权"给予了承租企业额外的期权价值，导致经营租赁的净优势增加了。

3. 其他租赁形式

（1）杠杆租赁

杠杆租赁是国际上企业需要昂贵设备时较为广泛采用的一种租赁方式，承租人向租赁公司提出租赁设备的申请，租赁公司出于设备价格昂贵和降低风险等原因，自己支付一部分设备款，剩余以购买的设备抵押向银行等金融机构贷款购买并交付给承租企业长期使用，如图 5-6 所示。因此，杠杆租赁至少有四方面的人参加：贷款人、出租人、承租人、设备制造商。

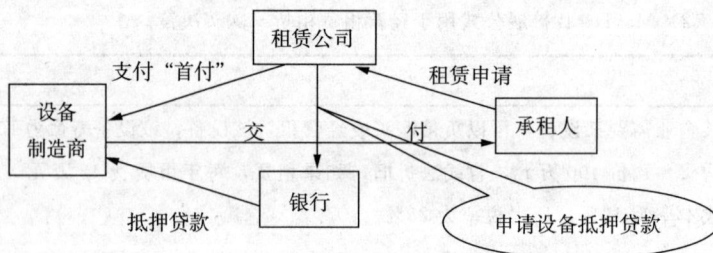

图 5-6 杠杆租赁示意图

杠杆租赁优点

① 某些租赁物过于昂贵，如民航客机、油轮等，租赁公司不愿独自承担风险或无力独自购买并将其出租，杠杆租赁往往是这些物品较为可行的租赁方式；

② 美国规定，出租人所购用于租赁的设备，无论是自有资金购入的还是借入资金购入的，均可按资产的全部价值享受各种减税、免税待遇。因此，杠杆租赁中出租人仅出一部分购价却能按租赁资产价值的 100% 享受折旧及其他减税免税待遇，这大大减少了出租人的租赁成本；

③ 在正常条件下，杠杆租赁的出租人一般愿意将上述利益以低租金的方式转让给承租人一部分，从而使杠杆租赁的租金低于一般融资租赁的租

金，这对承租人也是有利的；

　　④ 在杠杆租赁中，如果一旦承租人不能及时偿债，贷款人除了对抵押的设备有求偿权外，对出租人其他财产无追索权，即出租人不承担连带责任，只以自己租赁设备出资额为限。因此，它较一般信贷对出租人有利，而贷款人的资金因为抵押条款也能得到可靠保证，比一般信贷安全。

（2）回租

回租又称售后租回，是承租人将其所拥有的物品出售给出租人、再从出租人手里将该物品重新租回，此种租赁形式称为回租。为什么会出现这种售后租回租赁模式？主要原因是承租人资金周转出现困难，于是采取出售设备方式现在就能获得资金解决资金短缺问题，由于企业经营又需要设备，因此采取租赁方式再获得该设备的使用权，而租赁费的支付是在未来每年分期支付，减轻了现金集中流出的压力。

当然，未来租赁费流出总额要多于出售款，多出部分就是租赁公司的收益，未来租赁费的现值为出售价款，贴现率为租赁公司的收益率，同时也构成了承租企业的税前资本成本率。显然，这种租赁类似于抵押借款。

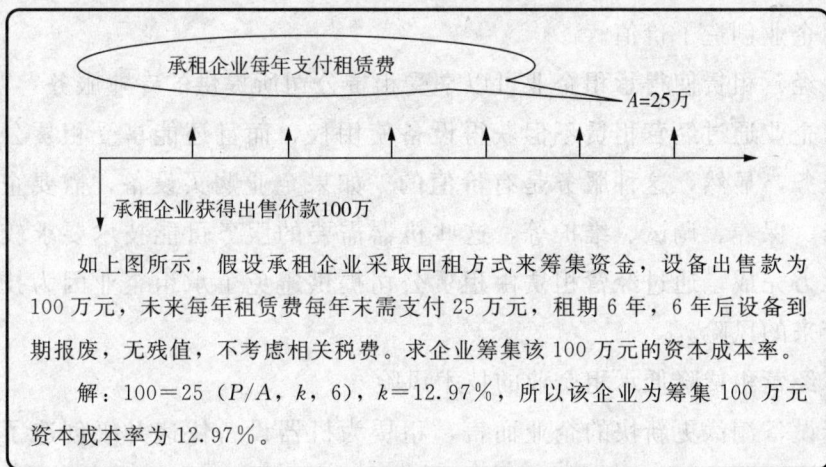

承租企业每年支付租赁费　　　　　　$A=25$万

承租企业获得出售价款100万

如上图所示，假设承租企业采取回租方式来筹集资金，设备出售款为100 万元，未来每年租赁费每年末需支付 25 万元，租期 6 年，6 年后设备到期报废，无残值，不考虑相关税费。求企业筹集该 100 万元的资本成本率。

解：$100=25 (P/A, k, 6)$，$k=12.97\%$，所以该企业为筹集 100 万元资本成本率为 12.97%。

（3）转租赁

转租赁是指承租人经出租人同意，将租赁物转租给第三人的行为。承租人转租的，承租人与出租人之间的租赁合同继续有效，第三人对租赁物造成损失的，承租人应当承担赔偿损失的连带责任；承租人未经出租人同意转租的，出租人可以解除合同。

（4）租购式租赁

租购式租赁是指承租人在租期届满时，可以名义价留购设备并获得所有权的租赁交易，这类似于租赁到期承租人有优先购买权的融资租赁。可以把租购看成一项分期付款交易，一般来讲租金很高。

（三）租赁的意义

1. 租赁对承租人的意义

租赁业务的发展说明了对承租人来讲，在某些条件下租赁比直接购买企业所需设备更有利，原因可能有以下几个方面：

（1）租赁拓宽了企业融资渠道

承租人可以通过租赁而不是购买来解决固定资产使用问题，如果购买导致现金短期内大量流出企业，而租赁则是在未来以每年支付一部分租赁费的方式获得资产。借助租赁拓宽了融资渠道，保留银行贷款额度和紧缺的现金资源，增强企业资金的灵活运用能力，这在融资租赁和杠杆租赁形式上表现更加显著。

（2）租赁提升企业价值

租金固定，有助于防止资金成本的增加，避免利率波动风险，而且便于计算投资报酬率，有助于承租人快速完成投资决策；此外，从 M−D−B 公式可以看出，企业在租赁净优势大于 0 时应该采用租赁来获得设备使用权，此时租赁为承租企业创造了价值。

（3）经营租赁使得承租企业可以享受租赁公司所提供的专业服务

承租企业通过经营租赁不但获得设备使用权，而且还能享受租赁公司提供的专业服务，显然，这种服务是有价值的。如果企业购买设备，需要企业自身进行维修、保养、调试、维护等，这些机器需要的服务可能技术要求较高而承租企业无力完成，通过经营租赁由租赁公司提供避免了承租企业因为技术难度问题而带来的风险。

（4）经营租赁降低承租企业的技术风险

对于设备淘汰更新快的企业而言，租赁为机器设备快速升级创造了便利条件。因为在经营租赁情况下，承租企业租期较短，当更先进的设备出现时，租赁期满不再续租，转而租赁技术更先进的设备。承租人把技术风险转移给了出租人，减少了购买设备因过时而陈旧和变现的风险。

（5）降低企业财务风险

企业购买所需设备会导致现金流量在短时间内大量流出企业，而租赁时租赁费是在未来租赁期内每年均匀流出，不会在现在现金集中流出，不会对企业目前现金流量造成压力，避免近期财务危机的发生。另一方面，采用经营租赁的企业财务报表更显稳健：采用经营租赁时，租金作为营业费用处理，避免为购置设备而增加大笔负债，可以有效地防止资产负债率上升，从而降低企业再融资成本。

2. 租赁对出租人的意义

（1）拓宽了租赁公司的投资方式

对租赁公司来说，租赁拓宽了投资方式，并且通常情况下租赁投资收益率较高。在开展银行业务门槛较高的条件下，租赁公司可以通过购买设备出租获利，其实相当于贷款给承租企业，再由承租企业购买设备和使用设备。

（2）税收效应

杠杆型租赁就是一种纳税导向型租赁。例如，空客公司把一架飞机卖给身处税率优惠国家的投资者，尽管该投资者不需要这架飞机，但他可以把这架飞机租给一家不能享受税收优惠的外国航空公司，该航空公司不能利用纳税利益，而该投资者则可以从中获得纳税利益。在这一交易中，空客公司销售了它的产品，投资者（出租人）获得了纳税利益并把其中部分收益让渡给承租人，外国航空公司（承租人）则以一种较优惠的方式获得了它所需要的飞机。

（3）可能的高残值

在租赁期满设备返还给出租人的情况下，如果其实际价值远高于最初签订契约时的预计残值时，可以通过再租赁或出售变现进一步带来更多的收益。

三、私募

（一）私募的定义

私募是指企业不公开、只面向少数特定的投资者发行股票筹集资金的行为，私募发行对象有法人投资者，如一般企业、信托公司、券商、公募基金公司、私募基金；也可以是个人投资者，主要是内部职工或特定的少数其他个人投资者。私募的主要目的是获得资金，但有时可能也为了建立其他有利于企业持续发展的关系。

姚明与合众思壮

2005 年，姚明成为合众思壮的代言人，利用这次代言报酬（37.5 万元）入股该公司。2007 年 12 月 18 日，合众思壮的控股股东郭信平与姚明签订了《股权转让协议》，郭信平向姚明转让了公司 37.5 万元的股权，招股书显示，姚明的认缴出资额是 37.5 万元。6 天之后，该公司整体变更为股份有限公司，姚明 37.5 万元的股份也变成 67.5 万股。经过两次转股，姚明曾经所持公司股数为 105.3 万股。

> 姚明与合众思壮的"牵手"也使得该公司在 2010 年上市之初备受关注，在明星效应的光环下，合众思壮股价一度冲高至 113 元/股。而经大智慧 365 软件统计，合众思壮自 2010 年 4 月 2 日至 2014 年 1 月 21 日股价下跌约 77%，这个结果一方面是因为市场整体下跌趋势，主要原因还是合众思壮自身连续业绩下滑造成的。
>
> 讨论：
>
> 合众思壮通过向姚明转让股权筹资 37.5 万元主要目的是筹资吗？该公司出于什么策略吸收姚明为股东？

当然，这里的私募指的是企业通过私募方式发行股票、让渡股权来筹集资金的过程，要和私募股权投资基金区别开来，私募股权投资基金有时也简称为私募，指的是一部分投资者共同出资形成一个私募基金。前者是一个筹资过程，后者是一个组织形式。

（二）私募的特点

私募发行股票来筹集资金的优势是发行者不必向证券管理机构申请发行核准、办理发行注册手续，相对于公募发行股票（IPO，首次公开发行股票），私募发行免去了层层审核程序、大大简化了手续，使得筹资迅速，从而可以节省发行时间、加快筹资速度。私募发行多由发行者自己办理发行手续，自担风险，非上市公司不必找证券公司代理发行，从而可以节省发行费用。

但是也有不利的一面，如流动性差，也就是说，投资者通过私募获得的股票（股权）在急需资金的条件下要变现很不容易，因此企业要向投资人提供优厚的报酬以补偿流动性风险（如承诺较高的股利支付率），对企业来说，这种补偿导致该资本成本率较高。由于私募筹资引入了新的股东，原来的股东股权将受到稀释，经营上可能还会受到新股东的干预。

（三）私募和非法集资的区别

私募和非法集资有着明显的区别。非法集资是指企业或者个人未依照法定的程序经有关部门批准，以发行股票、债券、彩票、投资基金或者其他债权凭证的方式向社会不特定的公众公开筹集资金、并承诺在一定期限内以货币、实物及其他利益等方式向投资者还本付息的行为。

非法集资往往表现出下列特点：一是未经有关部门依法批准，包括没有批准权限的部门批准的集资。有审批权限的部门超越权限批准集资；二是承诺在一定期限内给出资人还本付息。还本付息的形式除以货币形式为主外，也有实物形式和其他形式；三是向社会不特定的对象筹集资金。这里"不特定的对象"

是指社会公众,而不是指特定少数人。四是以合法形式掩盖其非法集资的实质。一般来说,具有以上四个特征的集资行为可以认定为非法集资。

表 5-1 私募和非法集资的区别

	私募	非法集资
发行对象	特定少数人(合格投资者)	不特定人群、社会公众
公开程度	非公开(发行对象一般在 200 人以下)	公开
筹资规模	依据企业需要确定筹资数量	无筹资数量限制,直到无法维持运行为止
资金性质	股权资金	保证很高收益的股权资金、债务资金等
合规状况	符合《证券投资基金法》、《私募投资基金监督管理暂行办法》、《私募投资基金募集行为管理办法》的规定	不合规、不合法

(四)企业通过私募筹资的目的

不同企业通过私募筹资的原因各不相同,归纳起来可能有以下几点:

1. 私募是企业筹资方式

财务管理决策重要组成部分就是筹资决策,企业创立、经营、发展、并购过程中都需要筹资,筹资决策包括筹集资金数量决策和筹资方式选择,而私募或通过私募基金来进行筹资是企业越来越不可或缺的筹资方式,如图5-7所示。

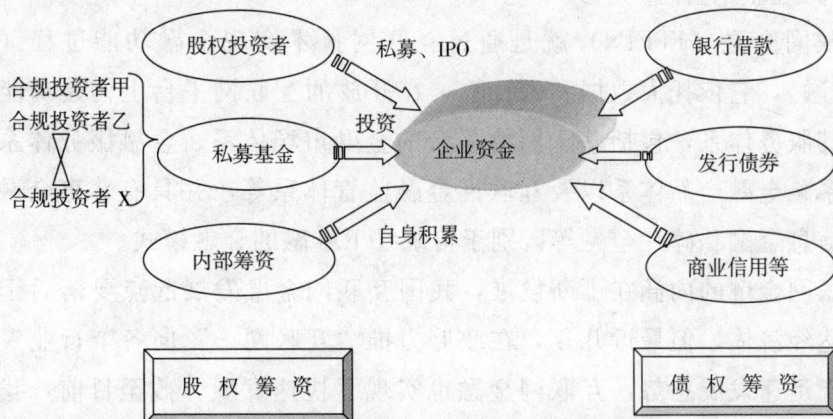

图 5-7 私募与企业筹资方式的关系

2. 私募降低企业财务风险

通过私募筹集的资金是股权资金,这样可以有效地降低企业的资产负债率,降低企业的财务杠杆和财务风险,而且这部分资金可以供企业长期使用,不会形成企业的财务负担。

3. 新股东的加入可能促进更完善的公司治理

通过私募,不仅仅筹集到了资金,而且还引入了新的股东,公司股权结构的变化势必会促进公司治理结构的变化。如果原来公司股权结构不合理(如典型的一股独大、家族制)导致的公司治理结构不合理,那么通过新股东加入后的权利制衡机制势必会形成趋向合理的公司治理结构。

4. 企业私募其他目的

新股东可能给公司带来先进的管理理念、更多的客户和市场优势、更具有成本优势的供应商等。公司通过私募引入新股东的时候,显然考虑的不仅仅是新股东投资额和要求的股权比例,还会考虑新股东投资企业后给企业带来的市场形象提高、公司管理效率的改善、市场的开拓能力增强和对供应商议价能力的增强状况等。从 2007 年合众思壮引入姚明作为股东的案例可以看出企业私募时目的的多样性。

四、互联网金融

互联网金融目前越来越成为中小微企业不可或缺的筹资渠道,可以说,如果说资本市场、银行更倾向于为大中型企业提供融资渠道,那么,中小微企业天然适宜于通过互联网金融筹集资金。

(一)互联网金融的含义

互联网金融(ITFIN)就是通过互联网技术实现金融功能过程("互联网+"金融),它依托大数据和云计算,在开放的互联网平台上构建功能化金融业态及其服务体系,包括基于网络平台的金融市场体系、金融服务体系、金融组织体系、金融产品体系以及互联网金融监管体系等,并具有普惠金融、平台金融、信息金融和碎片金融等区别于传统线下金融的金融模式。

互联网金融的内涵在不断发展,我国互联网金融发展起点要落后于西方七国等发达经济体,但最近几年,在政府力推"互联网+"向各个行业渗透战略下也呈现迅速发展态势,互联网金融也实现了快速发展。截至目前,我国互联网金融大致可以分为三个发展阶段:第一个阶段是 1990—2005 年左右的传统金融行业互联网化阶段,如网上银行;第二个阶段是 2005—2011 年前后的第三方支付发展阶段,如支付宝等;而第三个阶段是 2011 年以来互联网实质性金融业务发展阶段，如 P2P 等。

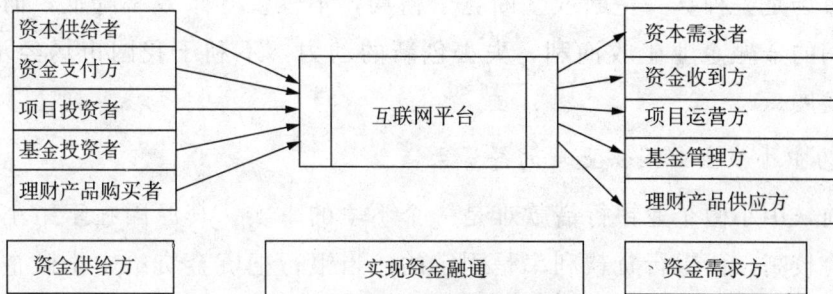

图 5-8 互联网金融功能示意图

（二）互联网金融发展的意义

1. 丰富了我国金融市场

构建和完善多层次的金融市场一直是我国市场建设的重要任务，如第一章图 1-1 所示。随着国内居民财富的增加和理财观念的变化，传统的金融市场提供的服务越来越不能满足居民理财需求的增强，通过互联网金融创新来满足居民理财需求，丰富了更具有个性化和差异化的金融产品。譬如，如图 5-9 所示，以借贷市场为例，传统金融市场中，居民把资金存入银行，银行把资金贷给企业，反之亦然；在互联网金融市场中，通过互联网金融平台诚信体系，居民可以考虑自己能够承担的风险把钱借给风险和收益相均衡的企业，从而实现居民个性化的投资需求，这也给居民和企业更多的自由选择。

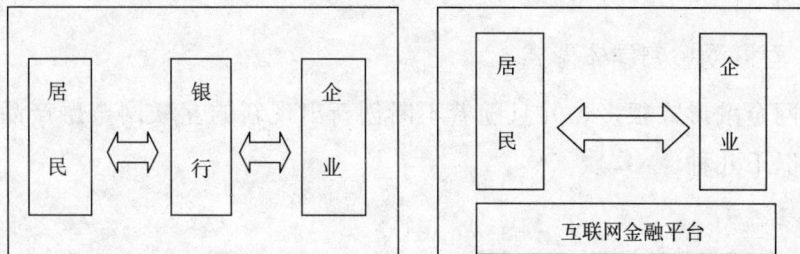

图 5-9 传统借贷和互联网金融借贷关系比较

2. 促进金融市场竞争

互联网金融的发展不仅仅丰富了金融市场的层次，提供了更多的金融产品和服务，给企业和居民更多的自由选择，还促进了金融市场竞争，有利于市场化的利率的形成。譬如说，如果原来居民只能选择把钱存进银行，而现在可以选择购买互联网金融产品，银行要留住资金只能采取市场化的利率和提供更优质的服务，这样就形成了金融的市场化。要形成一个完全竞争的金融市场，必须使得金融产品和服务的符合条件的供应方无限增加，打破垄断竞争格局。如果金融市场是一种寡头垄断或垄断竞争格局，不仅仅导致效率降低，而且获得垄断利润的金融企业坐收渔利，失去创新的动力，不利于我国市场经济持续、健康地发展。

3. 为中小微企业提供更多的筹资渠道

目前，中小微企业银行借款难是一个不争的事实，其原因在于中小微企业自身风险较高，而银行贷款利率是固定的，当银行把资金贷给中小微企业时获得的收益不能弥补所承担的风险，不如把资金大规模的贷款给大企业，这样，中小微企业负债筹资只能转向民间借贷了，而民间借贷利率较高（俗称高利贷），使用的资金获得的微薄利润不足以支付利息，这样会形成沉重的财务负担，使得中小微企业背着这种财务负担前行，甚至承受不了这种压力而破产、"跑路"等。

互联网金融系统可以根据企业的历史交易很好地评价企业征信状况，确定企业的风险等级和利率水平，而投资者通过互联网金融平台了解企业的风险并根据这种风险要求必要的收益率，当投资者承担的风险和根据这种风险要求的必要报酬率和企业利率相匹配时，互联网金融平台对资金的供给者和需求者交易撮合成功。如果企业违背承诺，未能按期支付利息、到期归还本金，互联网金融平台把这种违约记录下来，降低企业的信誉，提高企业的风险级别等，并利用一定的保险条款弥补投资者的损失，这就是P2P的过程。

（三）互联网金融具体形式

互联网金融形式很多，并且随着不断创新出现新的互联网金融产品或服务，主要介绍以下几种。

1. 众筹

众筹（大众筹资或群众筹资的简称），指项目运营方向投资者（资金所有者）募集项目所需资金，项目运营结束后项目运营方根据投资者投资比例分配项目运营成果的模式，如图 5-10 所示。众筹的本意是利用互联网和 SNS（Social Network Site，或称为 P2P（Peer to Peer））传播的特性，让创业者、艺术家等对公众展示他们的创意及项目，争取大家的关注和资金支持，进而获得所需要的资金投资并在项目运营或结束后，投资者共享相应的产品、服务或回报。

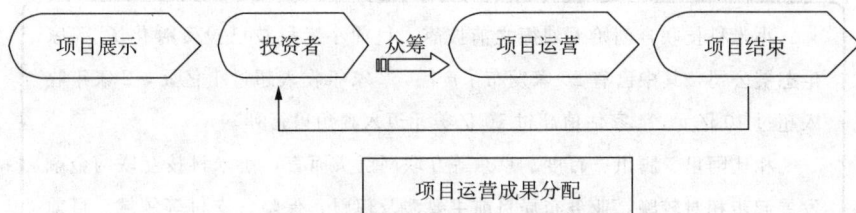

图 5-10　众筹程序

众筹显然也有风险，以电影拍摄众筹为例，如图 5-11 所示，对于投资者，如果决定参加众筹，结果可能是成功（获得电影票观赏后感觉愉悦、享受额外销售带来的票房）、失败（拍摄没有完成，或虽然完成但获得电影票观赏后感觉失败并且没有额外票房收益的分享）。投资者如何避免众筹风险？显然，降低投资额、分散参加多个众筹项目、参加运营方实力强的项目都是投资者降低或规避众筹风险的方法。

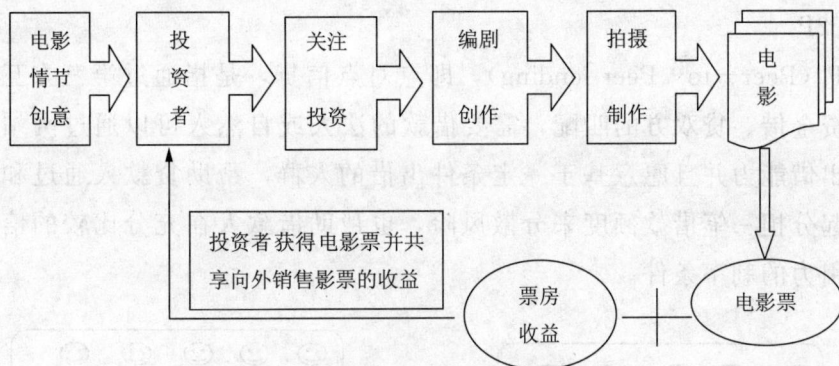

图 5-11　电影拍摄众筹示意图

小米股权众筹平台

2016 年 3 月小米科技与其他股东在上海陆家嘴金融贸易区发起设立了上海米筹互联网金融服务股份有限公司（米筹金服），注册资本 1 亿元人民币。6 月 12 日，小米科技副总裁张金玲在 2016 陆家嘴论坛上透露，小米科技将上线互联网股权投融资平台——"米筹金服"，这意味着小米股权众筹平台将要公开推出，首席执行官由原上海市金融办市场处 80 后副处长赵明辉出任，他曾参与组建了上海保险交易所、上海股权托管交易中心等金融要素市场平台。

张金玲介绍，米筹金服将首先以互联网股权投融资为主要切入点和着力点开展业务，将来小米生态链企业的融资需求都可借助于米筹金服互联网股权投融资平台进行。

小米科技联合创始人刘德之前披露，目前小米科技已投资孵化了 55 家生态链公司，其中已有 20 家发布了产品，7 家年收入超过 1 亿元，2 家年收入超过 10 亿元，4 家估值超过 10 亿美元迈入独角兽行列。

相比阿里、腾讯、百度、京东等互联网巨头而言，小米科技互联网金融发展起步相对较晚，业务布局目前主要涉及理财、保险、支付等领域。目前从大型互联网企业金融板块布局来看，阿里已明显处于领先地位，京东在追赶过程中快速崛起，在最近分别完成 B 轮和 A 轮融资之后，蚂蚁金服和京东金融估值已分别高达约 3900 亿元人民币和 460 亿元人民币，形成了涵盖征信、供应链金融、消费金融、理财、保险、银行、众筹等在内的完整的互联网金融业务体系。

而从互联网企业的股权众筹业务来看，此前，阿里、京东、百度、360 等大型互联网企业均已上线了自己的股权类众筹平台，除了京东布局较早暂时占据领先优势外，其他互联网企业的股权类众筹平台目前也处在起步阶段。

2. P2P

P2P（Peer－to－Peer lending），即点对点信贷，是指通过第三方互联网平台进行资金借、贷双方的匹配，需要借款的法人或自然人可以通过网站平台寻找到有出借能力并且愿意基于一定条件出借的人群，帮助贷款人通过和其他贷款人一起分担一笔借款额度来分散风险，也帮助借款人在充分比较的信息中选择有吸引力的利率条件。

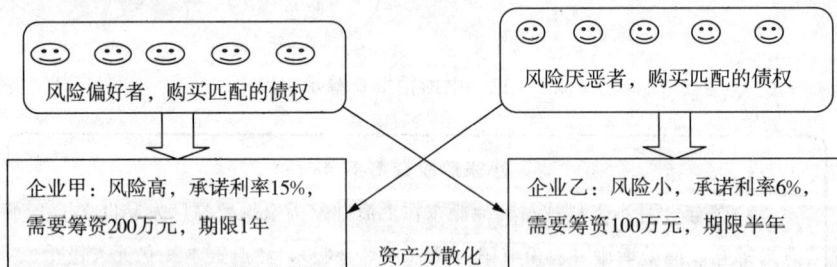

图 5－12　P2P 借贷关系的形成

P2P 有两种运营模式，第一是纯线上模式，其特点是资金借贷活动都通过线上进行，不结合线下的审核。通常这些企业采取的审核借款人资质的措施有通过视频认证、查看银行流水账单、身份认证等。第二种是线上线下结合的模式，借款人在线上提交借款申请后，平台通过所在城市的代理商采取入户调查的方式审核借款人的资信、还款能力等情况。

P2P 模式在发展过程中出现了很多违规现象，这些违规主要包括虚构项目、保证收益、平台做资金池、挪用资金等，这些短期经营的特征违背了 P2P 原本的功能、对投资者构成了欺诈，同时也导致投资者承担的风险大幅增加，正在被调查的 e 租宝就是一个典型的利用 P2P 模式骗取投资者资金的案例。显然，一个公开、真实、客观信息披露的中介 P2P 平台对于互联网金融 P2P 模式健康发展至关重要。

3. 第三方支付、移动支付

第三方支付（Third－Party Payment）指具备一定实力和信誉保障的非银行机构，借助通信、网络和信息安全技术，采用与各大银行签约的方式，在用户、银行支付结算系统间建立连接的电子支付模式。

根据央行 2010 年在《非金融机构支付服务管理办法》中给出的非金融机构支付服务的定义，从广义上讲第三方支付是指非金融机构作为收、付款人的支付中介所提供的网络支付、预付卡、银行卡收单以及中国人民银行确定的其他支付服务。第三方支付已不仅仅局限于最初的互联网支付，而是成为线上线下全面覆盖，应用场景更为丰富的综合支付工具。

未来，或许第三方支付更多地表现为移动支付，以规模庞大的线下 POS 收单市场来说，越来越多的第三方支付企业对线下收单市场的拓展，未来线上支付将给整个综合支付市场格局带来重要影响。随着移动支付产品推出，这种更便携、更智慧、更具针对性的支付体验必将广泛惠及中小微商户。业内专家认为，支付创新企业将金融支付彻底带入"基层"，也预示着中小微企业将成为互联网金融发展中最大的赢家，这对于中国经济可持续健康稳定发展也将有着重要且深远的意义。

4. 大数据金融

大数据金融是指集合海量非结构化数据，通过对其进行实时分析，可以为互联网金融机构提供客户全方位信息，通过分析和挖掘客户的交易和消费信息以掌握客户的消费习惯，并准确预测客户行为，使金融机构和金融服务平台在营销和风险控制方面进行精准的定位。大数据的关键是从大量数据中快速获取有用信息的能力，或者是从大数据资产中快速变现利用的能力。因此，大数据的信息处理往往以云计算为基础。

5. 微信金融

微信金融，是 2012 年左右新兴的一种金融模式，即借助微信等典型的社交媒体平台，为用户提供理财、投资、贷款等规模较小的金融行为模式，一般情况下，微信金融为中小微企业、创业者、个体工商户、小额投资者等提供金融服务，其特点是小额度、时间短、可持续循环。譬如，以"闪电借款"为例，

2015 年第三季度财报显示，闪电借款平台 7 月、8 月、9 月撮合交易额分别有 1.95 亿、2.28 亿、2.67 亿，增长迅速。

（四）互联网金融特点

1. 成本低

互联网金融模式下，资金供求双方可以通过网络平台自行完成信息甄别、匹配、定价和交易，无传统金融中介所要求的利差成本、无交易成本、无垄断利润、无线下固定资产折旧成本、无业务人员所形成的工资成本、无金融机构的实体店的运营成本；另一方面，投资者可以在开放透明的种类繁多的资金供求信息平台上快速找到适合自己风险承受程度的金融产品，更省时省力。

2. 效率高

互联网金融业务主要由计算机处理，操作流程完全标准化，客户不需要排队等候，业务处理速度更快，用户体验更好。如阿里小贷依托电商积累的信用数据库，经过数据挖掘和分析，引入风险分析和资信调查模型，商户从申请贷款到发放只需要几秒钟，日均可以完成贷款 1 万笔，成为真正的"信贷工厂"。

3. 服务对象不受时间和空间限制

互联网金融模式下，客户能够突破时间和地域的约束，在互联网上寻找需要的金融资源，金融服务更直接，客户基础更广泛。此外，互联网金融的客户以小微企业为主，覆盖了部分传统金融业的金融服务盲区，有利于提升资源配置效率，促进实体经济发展。

4. 发展快

依托于大数据和电子商务的发展，互联网金融得到了快速增长。以余额宝为例，余额宝在开始上线的 18 天，累计用户数就达到 250 多万，累计转入资金达到 66 亿元，成为规模最大的公募基金。

5. 互联网金融的缺点

首先，内部风险控制弱。互联网金融还没有接入人民银行征信系统，也不存在信用信息共享机制，不具备类似银行的风控、合规和清收机制，容易发生各类风险问题，已有多家 P2P 网贷平台宣布破产或停止服务。

其次，监管弱。互联网金融在中国处于起步阶段，有效保护投资者的监管和法律还不够完善，准入门槛和行业规范还没有完全严格执行，整个行业面临诸多政策和法律风险。

再次，信用风险大。现阶段中国信用体系尚不完善，互联网金融的相关法律还有待制定和完善，互联网金融违约成本较低，如借款者恶意骗贷、卷款跑路等风险问题；也有互联网金融平台违规经营，特别是P2P网贷平台由于准入门槛低和缺乏监管，成为不法分子从事非法集资和诈骗等犯罪活动的场所。

最后，网络安全风险大。我国互联网由于信息泄露、风险管理习惯、黑客攻击、执法较难等导致网络安全问题突出，网络金融犯罪行为多发，互联网金融的正常运行会受到影响，危及消费者的资金安全和个人信息安全。

五、案例

（一）36氪的故事

36氪宏力能源的"罗生门"事件虽未平息，但平台、融资方、投资人在各方的关注和压力下正回归到可洽谈、可协商的框架中。不过，比起事件本身，由此引发的关于互联网非公开股权融资（简称"股权众筹"）平台权责边界的讨论，受到业界、法律界、民间协会、研究机构等多方的持续关注。

各方人士认为，股权众筹平台应该坚守纯信息撮合中介的角色，缩小权力边界，如深度介入项目本身，容易给投资者造成兜底的误导；同时，平台应该严把合格投资者制度的关口，执行销售适当性和风险匹配的原则。对于投资人，需要认清风险投资的本质，强化独立判断的意识，为自己的投资决策买单。

多位资深的业内人士则呼吁，股权众筹行业的发展离不开监管政策在各项制度和交易细节上的落地，希望监管尽快补位。

1. 争议漩涡

36氪因宏力能源项目而被推上"风口"，宏力能源的财报数据与去年末启动定增时的数据差异巨大，引发投资人情绪反弹，而前者作为撮合项目投融资的平台，也一并受到了投资人的责难。其中关于项目"定增转老股"、"虚假包装"、"1000万平台认购"、"存在托"的质疑，36氪均在第一时间给出了回应，承认自身在适当性销售、团队管理等环节上存在不专业、不规范的行为，会积极处理。

36氪创始人兼联席CEO刘成城在接受中国证券报记者专访时称，事件目前已经回到三方可协商的框架中，由36氪代表投资者与融资方沟通解决，宏利能源也有回购股权的能力，最终的解决方案还在协调中。

刘成城解释，宏力能源项目是36氪唯一的线下项目，起源是去年下半年新三板市场火爆，不少众筹平台希望切入到这个领域，他们也因此做了一次尝试。在向项目方已锁定的私募基金GP（一般合伙人）争取到一定份额后，以"送福利"的心态在线下与少数几位投资人沟通、确认了投资意向和份额。在整个项目过程中，刘成城坦诚平台的个别销售人员存在不适当、不专业的行为，以个人名义代替公司名义帮融资方传递了积极的预期，而整套流程没有严格按照线上的标准走，同时由于过程中缺乏领投人的角色，因此在项目尽调结果上存在一定的缺位。

他分析，在常规的线上流程中，融资方、平台、领投人、跟投人组成了整个链条的四方。对于融资方，虚报历史业绩是红线；对于平台，不能有人和信息夸大和加工的成分，需要把融资方的客观数据和领投人的尽调报告给到跟投方，也不能参与交易环节；对于领投人，因为其具有定价权，因此尽调报告应该真实有效，像说明书一样指导跟投人的决策；对于跟投人，则应该理解风险投资的本质，坚守"买者自负"的原则，在所有流程规范、专业进行的前提下，不能寄希望于平台方"兜底"。而在宏力能源项目中，因为没有领投方，所以平台应该承担这部分的责任。

"此次尝试的失败，让我们有机会正视到自身在管理上的漏洞，所幸此项目涉及人员不多，金额也不大，我们会尽力挽回投资者的损失。"刘成城说。与此同时，36氪已经对平台上所有项目做了一次排查，所有项目必须按照"领投＋跟投"的尽调流程走，并且再次向投资者明确对于股权投资的合理预期。

对于平台的定位，他坦言最初是想做纯资金通道，但因为众筹行业尚处于发展早期，如果平台不对上线项目加以判断、筛选，可能无法形成良性发展的环境。但他强调，平台不是领投人，它最重要的责任是保证没有加工融资方提供的信息，并且针对这些数据，判断其是否属于其所在细分领域排名的前列。"我们要做的是给投资人提供细分领域排名不错的公司的投资机会。"他说，而最核心的尽调责任在于领投人，平台要制定标准的流程保证整个链条上的各方"在其位、谋其政"，避免权力的缺失和僭越。

一位不愿透露姓名的资深业内人士认为，36氪平台在此实践中确实有需要吸取教训的地方，即自身对项目应该也有选择性，这次36氪就是选择了一类自身尚不能承担的项目，没有专业地把握住融资时段的重点。

一般而言，企业在不同发展阶段，投资者应该关注的重点也不同，比如第一阶段主要关注项目计划，第二阶段注意团队，第三阶段注重产品，第四阶段越来越看重财务，直至最后成为成熟上市企业，就以财务信披为主。目前股权众筹平台基本推出的都是天使阶段的项目，但此次宏力能源却是一个新三板项目，相比其他平台项目已经很成熟，此次出现的对财务问题和企业治理问题的审核属于众筹平台的短板，建立相关业务的团队需要时日，因此也提醒了所有平台，术业有专攻、跨界需谨慎。而想要解决这类问题，除了自身的团队建设，还需要善于借助外力，与专业的会计师事务所、律师事务所建立合作关系。

他同时强调，股权众筹自出现也就三年多时间，目前尚处于探索阶段，法规建设也还很滞后，恳请宽容对待行业，共渡难关。

另据接近监管层的消息人士透露，监管层已经了解该事件的过程，认为此事在妥善处理各当事人权益的同时，从行业发展的角度反思应完善的各环节。刘成城也表示，事件后他们也在第一时间向监管层汇报，"肯定不会赚没有意义的钱，我们都希望这个行业能共同健康发展。"

"作为投资人来说，对股权众筹平台的前景还是非常乐见其成的，尽管可能会有这样那样的问题，但发展中的问题可以在发展中解决，不用妖魔化股权众筹。"常年作为领投人活跃于股权众筹平台的是成资本创始人杨成告诉记者，他所合作的股权众筹平台，不仅有自己的投委会，以打分的方式对拟上线项目进行判断，还会在领投人的尽调报告之外，通过一些公开信息或技术性手段，例如创始人个人征信报告——对融资方进行核查，并且有专业的金融和法律人士来看财务数据，并将反馈意见抄送给领投人。"坦诚而言，跟投人有时的确存在飘忽不定、人云亦云的现象，所以跟投者会觉得大平台有完善的风控和审核，会比较青睐，但事实，平台不是救命稻草，跟投人还是应该有自己的判断，或者选择靠谱的领投人。"他说。

2. 角色与责任之惑

作为项目信息的提供者和投融资的撮合方，股权众筹平台到底扮演着怎样的角色，承担着什么责任，成为整件事的关键争议点。

盈灿咨询高级研究员张叶霞认为，目前国内股权众筹行业由于监管不完善，发展刚起步，仍处于成长期，股权众筹平台的定位有单纯的信息撮合，也有的深入项目本身，比如用项目方的佣金直接投资到项目或是平台领投，目前法律上尚没有明确这样做是否违规违法。但是，股权众筹平台应当定位为纯信息中介平台，如果既当裁判又当运动员，很容易左右到投资人的决策，而股权投资本身风险就非常高。对于既当裁判又当运动员的平台，一旦项目出现问题收益没有"翻倍增长"，会对平台自身的口碑和信誉带来打击。

大成律师事务所互金委员会副主任肖飒分析认为，在事实不能完全追溯情形下，36氪也许被"对手方的出其不意行为"打乱了节奏。在这种情况下，股权众筹平台的法律责任，取决于平台自身的法律定位。"单纯的信息撮合平台，仅在居间合同效力下承担违约责任或相关侵权责任，即需要提供真实、全面、及时的交易信息，撮合双方达成交易，不承担交易风险。也就是说平台不对其发布的股权融资项目提供担保，不保证项目一定获利。如果提供信息变更，根据变更内容和条款不同，需经过交易双方重新达成合意，合同才能成立。如若平台深入项目本身，作为GP管理基金，则可能因违反《证券法》等规定承担法律责任，但应当具体问题具体分析。看平台参与形式（直接作为主体身份出现或PE身份出现），但我们必须指出'明确投资方向'非常关键。本事件也许会成为'罗生门'，对于三方当事人而言，最重要的是'收集证据'，尽可能还原法律事实，匹配信息当时的真实情况、事前推广的短信和微信以及相关人士的证人证言，都将影响事件未来走向。"她表示。

她还建议，作为互联网金融平台，建议坚守"纯信息平台"，还要防止项目对手方不实信息披露和隐瞒某些关键信息，造成投资决策不稳，引起C端客户不满，影响企业持续发展。这也提醒IT转型而来的类金融平台，将商业模式法律风险梳理清晰，有所为有所不为，才能驶得万年船。

刘成城也表示，除了对融资方的把关外，未来对投资者的资质确认和预期管理也是平台风控工作中的重中之重，"要么有完善的监管、有明确的责权划分，要么有完善的投资者教育。在目前监管尚未完善的情况下，我们就必须不断地重复投资者的预期管理以及坚守销售适当性的底线，让投资者认识到这是一个有风险的资产，让资产和有风险承受能力的投资者匹配。同时，我们会把团队、流程规范等各个方面落实到位，借助传统金融的专业力量做好风控。"

另一家具有行业影响力的股权众筹平台原始会的董事长孙宏生认为，大部分的平台在项目上线之前，一般会和融资企业签署一个财务顾问合作协议，会让领投人、跟投人一起和融资企业签署一份出资控股协议，交易过程中平台没法介入，平台仅对融资信息进行展示，体现了信息撮合的功能。他提到，股权众筹通常风险易发的环节在于，对合格投资人制度是否能贯彻执行，以及是否能做到资产风险与投资者能力相匹配。通常对于融资端，平台会做审查，但只能是辅助性的形式审查。所谓形式审查应该从两方面去理解：一方面平台定位于信息中介，不能越位替代投资人去做实质性的审核；另一方面，股权投资的本质就是风险投资，创业阶段的企业能提供的信息也极其有限，事前审查的意义和效果有限。

3. "慢才是快"

"规模上我们现在很谨慎，目前阶段最重要的是去做合格投资人教育的工作，这个成果的好与坏决定了行业发展的好与坏，在投资者教育还未达到一个成熟阶段的时候，盲目扩大规模对行业没有太大好处，对平台来讲也一样。股权众筹一定是个慢活，快不了，确切说，慢才是快。"上述资深业内人士说。

据盈灿咨询统计，截至 2016 年 5 月底，全国共有 140 家股权众筹平台，其中 5 月股权众筹成功筹资额近 8 亿元，历史累计成功筹资额近 90 亿元。清科研究数据也显示，2015 年累计成功筹资的项目达 2338 个，累计筹资金额近百亿元人民币。世界银行预测，到 2025 年，全球发展中国家的互联网非公开股权融资将达到 960 亿美元，中国有望达到 460 亿到 500 亿美元。其中，70% 到 80% 将是通过互联网非公开股权融资。

张叶霞表示，要真正有效解决股权众筹产生的风险，最重要的一点就是法律和监管要完善。世界各国对从事股权众筹业务的中介机构，都要求在有关金融监管或证券监管机构注册或许可。比如美国从事股权众筹的平台必须在 SEC 注册为"经纪—交易商"或"融资门户"，英国股权众筹平台必须获得 FCA 的许可才能向合格的投资者销售非变现证券。无论是注册还是许可，股权众筹平台普遍都被要求具备一定的条件，这些条件通常包括适当性、能力、运营基础设施、财务资源、治理结构以及赔偿保险等方面的要求。另外，对于股权众筹平台，各国也规定了信息披露、尽职调查、投资者警示和教育、保密、记录保存、禁止利益冲突等方面的义务或行为要求。

人民网

结合案例，请回答以下问题：

1. 你认为股权众筹平台应该扮演什么角色？

2. 什么是领投人？领投人所起的作用是什么？这和"自由跟庄"有什么关系？

3. 股权众筹平台、投资者、融资者各自的风险是什么？

4. 股权众筹平台在国外合规要满足哪些条件？

5. 如何处理股权众筹平台发展过程中的"快"与"慢"的关系？

（二）中国石化可转债价值分析

1. 引言

中国石油化工股份有限公司（简称为中石化）于 2011 年 2 月 23 日公开发行期限为 6 年、共 23000 万张（每张 100 元）A 股可转换公司债券（简称为"石化转债"），发行价为每张 100 元，即等价发行，第一年至第六年的票面利率分别为 0.5%、0.7%、1.0%、1.3%、1.8%、2.0%；转股起止日期为自可转债发行结束之日满六个月后的第一个交易日起至可转债到期日止（即 2011 年 8 月 24 日至 2017 年 2 月 23 日止），初始转股价格为 9.73 元/股。

　　石化转债附有有条件赎回条款，条款约定："在本次发行的可转债转股期内，如果本公司 A 股股票连续三十个交易日中至少有十五个交易日的收盘价格不低于当期转股价格的 130％（含 130％），本公司有权按照债券面值加当期应计利息的价格赎回全部或部分未转股的可转债。"[①]

　　本次发行的石化转债优先向发行人除控股股东中国石油化工集团公司以外的原 A 股股东，原股东除可参加优先配售外，还可参加优先配售后余额的申购。本次发行的石化转债不设定持有期限制，信用评级为 AAA；由中国石化集团公司就本期可转债的还本付息提供不可撤销的连带责任保证担保。

　　本文分析中石化可转债发行时的债券价值，即发行价值，从而通过价值分析解决投资者是否应该申购该债券的问题。

　　2. 石化转债的价值构成

　　可转债首先是一种债券，同时又具有在一定条件下可以转换成股票的选择权，即期权。因此，可转债的价值公式为：

$$可转债的价值 = MAX［纯债券价值，转换价值］+ 期权价值$$

　　石化转债具有可转债的属性，但同时又拥有"在本次发行的可转债转股期内，如果本公司 A 股股票连续三十个交易日中至少有十五个交易日的收盘价格不低于当期转股价格的 130％（含 130％），本公司有权按照债券面值加当期应计利息的价格赎回全部或部分未转股的可转债。"被发行人赎回的属性，显然，这会降低石化转债的价值。因此，石化转债的价值可表示为：

　　石化转债价值 = MAX［纯债券价值，转换价值］+ 期权价值 − 赎回权价值

　　（1）纯债券价值

　　如果投资者一直持有到期，他投资石化转债享受的就是纯债券价值，他未来六年每年每张债券将获得利息 0.5、0.7、1.0、1.3、1.8、2.0，到期获得票面金额 100。石化转债的纯债券价值部分可由债券价值计算方法得到，即债券未来每年利息现值和到期票面金额的现值。

　　贴现率选择为 2011 年的一年期国债利率上浮 1‰，即 3.85％。因此，发行时石化转债的纯债券价值公式可表示为：

　　石化转债的纯债券价值 $= 0.5 \times (P/S, 3.85\%, 1) + 0.7 \times (P/S, 3.85\%, 2) + 1.0 \times (P/S, 3.85\%, 3) + 1.3 \times (P/S, 3.85\%, 4) + 1.8 \times (P/S, 3.85\%, 5) + 102.0 \times (P/S, 3.85\%, 6) = 85.94$

---

① 本文数据根据上市公司中国石化公告整理所得。

该债券发行价为 100，而债券价值为 85.94，显然，如果投资者只把它当作纯债券进行投资是不合算的，投资者对这种债券投资持有的目的不是为了获得利息和到期时的票面金额，而是为了获得这种债券的转换价值和期权价值。

（2）转换价值

石化转债转股起止日期为 2011 年 8 月 24 日至 2017 年 2 月 23 日止，初始转股价格为 9.73 元/股，由于正股股价在不断变化，我们取石化转债批准发行时即 2011 年 2 月 18 日收盘价 9.14 计算发行时的转换价值为：

转换价值＝（票面金额/转股价格）×股价＝（100/9.73）×9.14＝93.936

石化转债发行时转换价值高于纯债券价值，从这一点可以看出，发行人希望未来投资者更多地把债券转换成股票，减轻发行人还本付息的财务压力；如果股价大幅上涨，转换价值将大幅提高，将进一步鼓励投资者把债券转换成股票。但另一方面，如果正股价格大幅度上涨，投资者此时把债券转换成股票，发行人不如直接发行同样的股票数量将筹集更多的资金，因此发行人又设计了赎回条款。

（3）期权价值－赎回权价值

期权价值计算较为复杂，它与到期时间（T）、股价收益率的标准差（σ）、无风险利率（r）、期权合约的执行价格（E）和债券市场价格（S）有关。这种关系由美国麻省理工学院两位金融学家布莱克和斯科尔斯推出，即 B－S 公式：[①]

$$\begin{cases} C\ (E) = SN\ (d_1)\ -Ee^{-rt}N\ (d_2) \\ d_1 = [\ln\ (S/E)\ +\ (r+0.5\sigma^2)\ t]\ /\sigma t^{0.5} \\ d_2 = d_1 - \sigma t^{0.5} \end{cases}$$

B－S 公式计算的是欧式期权价值，而中石化可转债赋予投资者转换权利是美式期权，因此，不便于直接用 B－S 公式估计该期权价值，再者，该债券还有赋予发行人可赎回的权利，考虑到这一点，中石化可转债期权价值更加难以计算。

解决这个问题的方法是：中石化可转债的纯债券价值和转换价值已经确定，假设我国资本市场是无摩擦的市场，我们用下面公式来近似估算它的期权价值

---

① 傅元略. 中级财务管理［M］. 上海：复旦大学出版社，2011：338－343.

－赎回权价值。

$PV=$中石化可转债市场价格$-$MAX［纯债券价值，转换价值］

在 2011 年 3 月 31 号，石化转债收盘市场价格为 108.01，转换价值为

转换价值＝（票面金额/转股价格）×股价＝（100/9.73）×9.00＝92.50。

因此，在 2011 年 3 月 31 号石化转债期权价值与赎回权价值之差为：

$$PV=中石化可转债市场价格-MAX［纯债券价值，转换价值］$$

$$=108.01-MAX［85.94，92.50］$$

$$=15.51$$

因此，在 2011 年 3 月 31 号，每张石化转债期权价值和赎回权价值之差为 15.51 元。我们可以用这个数量来估计石化转债期权价值与赎回权价值之差。

3. 对石化转债价值的进一步分析

（1）理论上石化转债的价值构成分析

分析到现在，石化转债的价值构成如图 5-13 所示，可以用公式表示为：

石化转债价值＝MAX［纯债券价值，转换价值］＋期权价值－赎回权价值

$$=MAX［85.94，转换价值］＋15.51$$

但是，另一方面，石化转债附有赎回条款："如果中国石化 A 股股票连续三十个交易日中至少有十五个交易日的收盘价格不低于当期转股价格的 130%（含 130%），中国石化有权按照债券面值加当期应计利息的价格赎回全部或部分未转股的可转债。"也就是说，假如不考虑中国石化未来支付现金股利和股票股利的话，当股价连续三十个交易日中至少有十五个交易日的收盘价格不低于 12.649 元（9.73×130%），公司就会按照（100＋当期股息）来赎回，这时，石化转债的价值就是赎回价值 101 左右。

考虑到这一点，石化转债价值应该表示为：

石化转债价值＝

$$\begin{cases} 101.261（X 连续 30 个交易日中至少有 15 个交易日的收盘价格 \geqslant 12.649） \\ MAX［85.94，转换价值］＋15.51 \quad （X 其他价格） \end{cases}$$

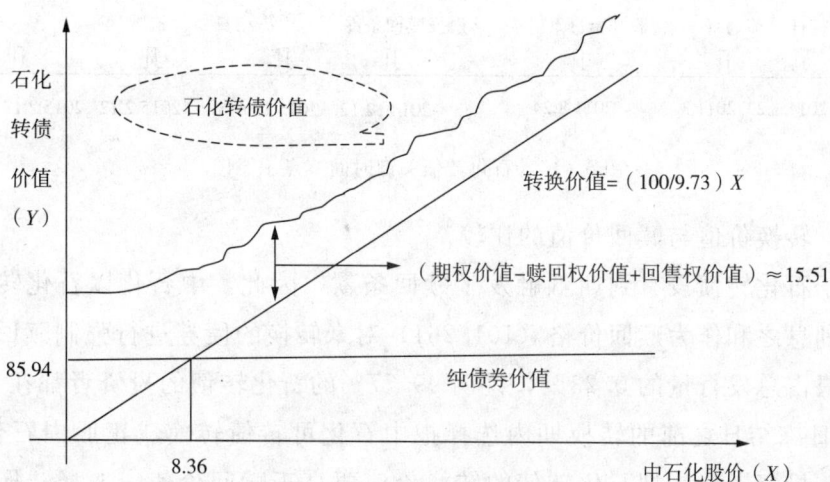

图 5－13　石化转债价值构成图

（2）资本市场上石化转债价格实际运行状况

石化转债理论价值如上分析，但资本市场中资产价格受理论价值、各方博弈力量、投资者情绪、预期等多种因素影响，资产价格总在围绕资产价值做一定程度的波动。对于石化转债来说，其价格又受正股价格波动而剧烈波动，在2011 年 3 月 7 日至 2015 年 2 月 11 日期间，石化转债市场价格实际运行状况如图 5－14 所示。

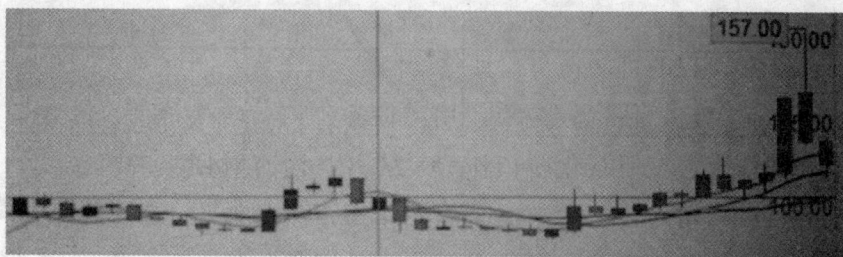

图 5－14　石化转债市场价格月 K 线图（2011 年 3 月 7 日－2015 年 2 月 11 日）[①]

石化转债在正股中国石化 A 股 2014 年 12 月 12 日至 2015 年 1 月 26 日连续30 个交易首次触发石化转债有条件赎回条款，公司对石化转债行使赎回权，对赎回登记日登记在册的"石化转债"全部赎回：截至转股被冻结日 2015 年 2 月12 日，石化转债尚有人民币 52776000 元（527760 张）未转股，占石化转债发行总量人民币 230 亿元的 0.229%。这样，石化转债市场运行全部结束，石化转债关键时间节点如图 5－15 所示。

---

① 数据来源于大智慧债券行情交易软件。

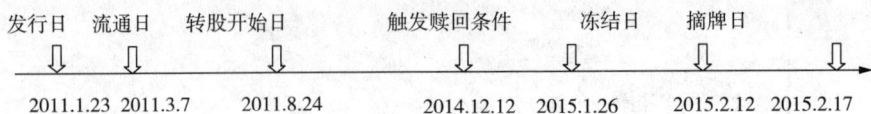

图 5-15 石化转债关键时间节点示意图

（3）转换价值与赎回价值的比较

由于石化转债没有到期就触发了赎回条款，因此，中石化以石化转债面额和当期利息之和作为赎回价格（101.261）对未转换的债券进行强制赎回，这部分债券只占总发行量的 0.23%，说明 99.77%的石化转债的投资者都在 2015 年 2 月 12 日冻结日之前的转换期内选择把中石化可转债转换成正股中石化股票。这说明，投资者认为把石化转债的转换价值要高于赎回价值，选择转换就是为了避免被中石化强制赎回。

由于分红送股等原因，转股价格调整为 4.89/股，而当时股票价格在 5.00以上，故转股价值为：

$$转股价值 > (100/4.89) \times 5.00 = 102.25 > 赎回价值（101.261）$$

如果投资者预期正股股价还要上升，转股价值将进一步提高，投资者将更愿意行使转股权。至于还有 0.229%石化转债投资者没有转换成正股的原因可能：忘记转换，或者预期转换后正股价格立即会下跌等。

4. 结论与建议

（1）附有赎回权的可转债价值评估

欧式可转债价值评估比较简单，用纯债券价值、转换价值、欧式期权价值计算就可以评估出来，但石化转债作为美式并且附有赎回权的可转债，价值评估没有现成可以利用的公式。本文采用无摩擦市场的假设，利用石化转债市场价格与转换价值的差的"倒挤"法来间接评估期权价值－赎回权价值部分，这也是本文创新之处。

（2）独特的可转债

股票风险较大，不适合风险厌恶者投资，而普通债券风险较小而导致收益较低，但是，可转债既有普通债券的债券属性，又有在适当时候转换成股票的权利，因此它吸引了自己的投资群体。同时，附有赎回权条款也限制了该债券价值随着正股价格上升而上升的空间。

（3）把握资产价值是理性投资的基础

资产价值是资产价格的运行基础，不论价格如何变动，始终围绕价值波动是亘古不变的规律。石化转债价值评估结果一旦确定，就不要去"博傻"、参与击鼓传花等游戏，在石化转债触发赎回条款而注定不能转换而只能获得赎回价值之后，部分投资者在市场价格高于赎回价值的条件下还要买进，这就是不理性的投机行为。

结合案例，回答以下问题：

1. 哪些因素会影响可转债的价值，写出可转债的价值公式。

2. 中石化股价如何影响中石化可转债价值？

3. 可转债和普通债券、普通股相比，对投资者来讲有哪些优点和缺点？

4. 对发行企业来说，发行可转债筹资和发行普通股筹资、发行普通债券筹资相比有哪些优点、缺点？

5. 价值投资还是投机？这是个问题。你如何看这两种投资风格？

第六章 风险

本章学习目标：

● 理解风险对企业的影响、意义、种类；

● 掌握资产组合的风险度量；

● 掌握 β 系数的定义过程、*CAPM* 模型的推导；

● 理解预期收益率、必要收益率和实际收益率的关系和区别；

● 理解风险管理在投资项目管理的重要性。

一、风险

（一）风险的内涵

风险可以定义为未来现金流量的不确定性程度。当然，也有人定义为未来收益的不确定性，其实，收益最终要表现为现金流入，如果收益没有导致现金流量在未来流入，那么对企业来说这种收益是毫无实质性意义的，例如我们说企业的应收账款是有风险的，是因为它有可能会演变成坏账。

风险是个中性词，没有好坏之分，根据投资者对待风险的态度，可以把投资者划分为风险厌恶者、风险中立者和风险偏好者。如果你把全部富余的现金存款购买国债而不愿意购买企业债券、股票或者创业，那么说明你是风险厌恶者；反之，你是一位风险偏好者；现实世界中的大部分人都会做一个资产的合理配置，如 1/3 法，这说明大部分人是风险中性者，即愿意承担一定的风险从而获得相应的风险价值，又不愿意拿全部家当冒着较高的风险甚至孤注一掷。

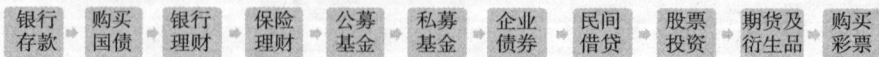

| 银行存款 | → | 购买国债 | → | 银行理财 | → | 保险理财 | → | 公募基金 | → | 私募基金 | → | 企业债券 | → | 民间借贷 | → | 股票投资 | → | 期货及衍生品 | → | 购买彩票 |

图 6-1 各种投资方式风险的上升趋势

当然，投资者承担的风险越高，要求获得的报酬率就越高，这种根据投资方式的风险大小而要求应该获得的报酬率称之为必要报酬率，它和风险的关系如图 6-2 所示。

　　必要报酬率和预期收益率有一定关系：当大多数投资者投资都能获得的或实现的收益率就是预期收益率或平均收益率，如果大多数投资者进行的某项投资都能实现预期收益率，那么某位投资者投资该项目必然也要求获得如此多的预期收益率，这也就构成了必要收益率。另一方面，二者又是有区别的：必要收益率是依据风险大小而要求应该获得的最低报酬率，投资结果是这种收益率不一定实现，当然也可能实现的收益率超过必要收益率；而预期收益率是正常情况下投资多数时候都能够实现的收益率。

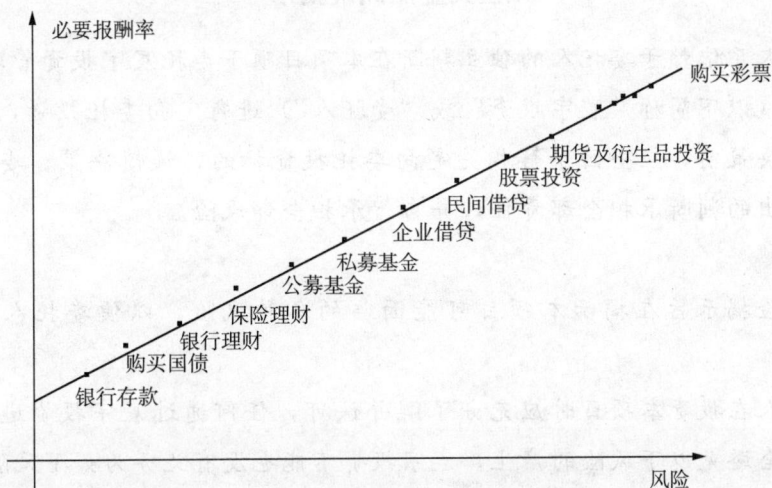

图 6-2　投资方式的风险与必要报酬率

　　利用二者关系，存在如下决策依据：

> 必要收益率＞预期收益率，项目不可行；
> 必要收益率＜预期收益率，项目可行

（二）风险的分类

　　风险按照不同标准可以有不同的分类方法。按照杠杆法，可以把企业面临的风险划分为经营风险、财务风险和总风险；按照风险作用的范围，可以把企业面临的风险划分为系统风险和特殊风险；按照风险来源，可以把企业面临的风险划分为战争风险、政治风险、政策风险、市场风险、企业运营风险。

　　当然，这些划分可能相互重合，比如，企业所需原材料钢材价格的波动带来的风险，既可以理解为市场风险（销售订单签定时原材料——钢材价格还未上涨），也可以理解为企业经营风险（是企业没有有效控制原材料价格波动而导致的，如果在销售订单签定时同时进行原材料期货套期保值，就可以控制这种风险），还可以理解为系统风险，因为钢材价格上涨可能是通货膨胀造成的，当然，对企业不利的变化都会导致经营杠杆、财务杠杆的提高，进而导致企业的经营风险和财务风险的上升，企业总风险也会提高。

不同的投资项目会有不同的风险揭示，互联网金融、保险理财、公募基金、私募基金、银行理财等在格式合同条款中把其中的投资风险划分的更加具体，下面来看看恒大金服的风险揭示对各种风险的描述。

恒大金服风险揭示

委托人系依赖于委托人的独立判断在本项目项下委托宸宇投资管理（深圳）有限公司（以下简称"宸宇投资"或"受托人"）进行定向委托投资，委托人在做出投资决策前，应全面了解相关定向委托投资标的，谨慎决策；委托人应对委托人做出的判断承担全部责任，并自行承担全部风险。

风险提示：

本风险揭示旨在揭示本项目可能面临的各种风险，以便委托人了解投资风险。

委托人在投资本项目时应充分了解并认可，任何通过宸宇投资进行的交易并不能完全避免以下风险的产生，宸宇投资不能也没有义务为如下风险负责：

1. 政策风险

因国家法律、法规、行政规章或政策发生重大调整、变化或其他不可预知的意外事件，可能导致本定向委托投资的有效性发生变化，从而可能导致委托人无法实现预期收益乃至本金遭受损失。

2. 行业风险

定向委托投资标的的所处的行业可能会受经济运行周期性变化，以及所处行业的成熟阶段、上下游供求关系、内部竞争程度、替代品威胁等因素的负面影响，从而发生不利于委托人实现预期收益的变化乃至本金遭受损失。

3. 市场风险

资金市场供求关系的变化、货币政策、财政政策、行业政策等因素的变化，以及整体经济形势的变化，可能会对利率、汇率、资金成本和商品价格等因素产生负面影响，从而不利于委托人实现预期收益乃至本金遭受损失。

4. 管理风险

在定向委托投资运作过程中，受托人的管理能力可能会影响定向委托投资资金的收益水平。此外，受托人对定向委托投资盈利机会的判断是否准确、投资决策所需获取的信息是否完整、投资操作是否出现失误等，都会对定向委托投资资金的预期收益形成不利影响乃至本金遭受损失。

5. 信用风险

无论何种原因，当最终使用定向委托投资资金并承担偿还责任的融资方不能按时偿付本金和收益，将导致委托人无法实现预期收益，甚至本金遭受损失。

6. 延期实现预期收益的风险

定向委托投资到期时，若发生前述信用风险，受托人将根据委托人的授权或约定，使用受托人认为适当的方式对融资方或增信机构进行追索或者要求增信补偿，在此过程中，委托人有可能延期实现预期收益乃至本金遭受损失。

7. 定向委托投资标的风险

在实际操作中，委托人可能因为定向委托投资标的投资不成功或者提前结束而面临无法实现预期收益的风险以及与再投资有关的风险。

发行机构不保证本项目一定盈利，也不保证本项目的最低收益。发行机构依据相关文件管理项目所产生的风险，由投资财产承担。

8. 账户风险

交易相关主体的支付能力、道德风险以及账户风险可能导致委托人无法实现预期收益乃至本金遭受损失。

9. 操作风险

委托人可能会面临如下操作风险：

（1）不可预测或无法控制的系统故障、设备故障、通讯故障、停电等突发事故将有可能给委托人造成一定损失；

（2）互联网是全球公共网络，并不受任何一个机构所控制。数据在互联网上传输的途径不是完全确定的，可能会受到非法干扰或侵入。由于存在互联网和移动通信网络的黑客恶意攻击可能性，委托人可能会遭受损失；

（3）委托人的账号及密码信息可能被盗或被泄露，客户身份可能被仿冒，委托人可能遭受由此带来的损失；

（4）在互联网上传输的数据有可能被某些未经许可的个人、团体或机构通过某种渠道获得或篡改。委托人的网络终端设备及软件系统可能会受到非法攻击或病毒感染，导致电子签名合同数据无法传输或传输失败，从而遭受损失；

（5）互联网上的数据传输可能因通信繁忙出现延迟，或因其他原因出现中断、停顿或数据不完全、数据错误等情况，从而使交易出现延迟、中断或停顿，可能会造成委托人损失；

（6）委托人操作不当等原因可能会造成委托人损失；

（7）委托人使用的计算机可能因存在性能缺陷、质量问题、计算机病毒、硬件故障及其他原因，而对委托人造成交易时间或交易数据方面的影响，给委托人造成损失；

（8）网上交易、热键操作完毕，未及时退出，他人进行恶意操作将可能造成委托人损失；

（9）由于委托人未能及时主动了解定向委托投资标的的信息，或由于通信故障、系统故障以及其他不可抗力等因素的影响，可能导致委托人无法及时做出合理决策，造成委托人损失；

（10）委托人交由他人代理交易，或长期不关注账号变化，可能致使他人恶意操作而造成委托人损失。

10. 其他风险

（1）由于自然灾害、战争、法律法规或政策等无法避免或无法控制的因素的出现，将影响市场的正常运行，从而导致定向委托投资标的的损失，甚至影响该定向委托投资标的的受理、运行、偿付等的正常进行；

（2）金融市场危机、行业竞争、代理商违约等超出受托人自身直接控制能力之外的风险，也可能导致委托人利益受损；

（3）受托人或担任定向委托投资标的的托管人的托管机构因停业、解散、撤销、破产，或者被监管机构撤销相关业务许可等原因不能履行职责时，可能导致委托资产的损失；

（4）因其他意外因素和不可抗力（无法预见、超出合理控制并且尽管加以合理注意仍无法避免的任何情况或事件，应包括但不限于自然之力、火灾、爆炸、地质变化、暴雨、水灾、地震、战争或公敌行动）而导致的风险。

本风险揭示并不能揭示委托人通过宸宇投资进行定向委托投资的全部风险及市场的全部情形。委托人在做出交易决策前，应通过恒大互联网金融服务（深圳）有限公司/恒大金服网页端平台（网址：www.hdfax.com）以及手机应用端公布的信息及其他相关公告了解拟定向委托投资标的的风险收益特征，并根据自身的交易目标、风险承受能力和资产状况等谨慎决策，并自行承担全部风险。

譬如，恒大金服违约风险到底如何产生的？假设委托人（投资者）通过恒大金服投资2万元，为了控制风险，恒大金服可以把2万元的1‰加上其他投资者的各1‰共计1000万元通过发放委托贷款给借款企业江门凯利德商贸有限公司使用。由于它和恒大集团及子公司之间复杂的股权关系而形成关联公司，假设恒大集团出现财务危机，恰巧借款企业江门凯利德也同时出现了财务危机，那么整个关联公司可能不会因为恒大集团作为增信担保机构而不出现偿付危机，除非恒大集团因为太大而不能倒（too big to fail），从而产生恒大金服理财产品的投资风险。

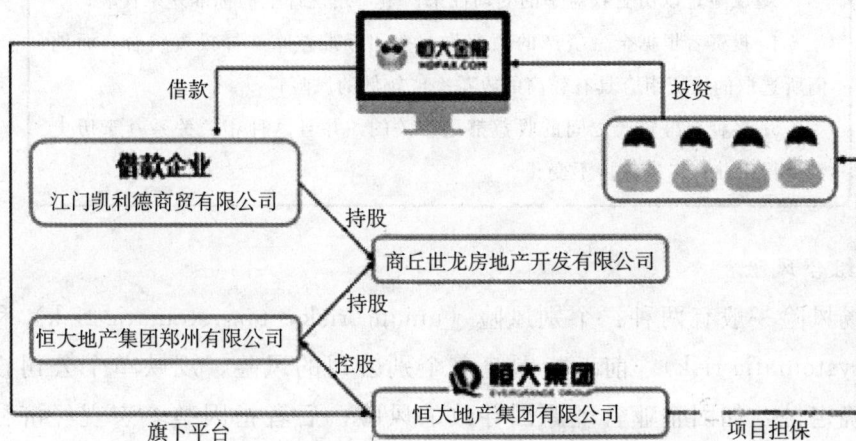

图 6-3 恒大金服委托贷款

二、现代资产组合理论

对于单项资产的风险，度量方法通常用概率、标准差、标准差率来反映，这些在基础财务管理已经详细描述，不再赘述，下面重点论述资产组合的风险。

1. 现代资产组合理论的产生

现代资产组合理论（Modern Portfolio Theory，简称MPT），也有人将其称为现代证券投资组合理论、证券组合理论或投资分散理论。美国纽约市立大学巴鲁克学院的经济学教授马柯维茨（Markowitz）1952年3月在《金融杂志》发表了题为《资产组合的选择》的论文，将概率论和线性代数的方法应用于证券投资组合的研究，探讨了在假设条件下不同类别的、运动方向各异的证券之间的内在相关性，并于1959年出版了《证券组合选择》一书，详细论述了证券组合的基本原理，从而为现代西方证券投资理论奠定了基础。Sharpe（1964）、Linter（1965）等后来进一步发展该理论。

2. MPT假设

MPT 的假设

1. 市场是有效的（EMH），投资者能够得知金融市场上多种收益和风险变动及其原因；

2. 投资者都是风险厌恶者，都愿意在既定收益条件下要求最小风险，如果要他们承受较大的风险则必须以得到较高的预期收益作为补偿；

3. 风险是以历史收益率的变动性来衡量，用统计上的标准差来代表；

4. 投资者根据金融资产的预期收益率和标准差来选择投资组合，而他们所选取的投资组合具有较高的收益率或较低的风险；

5. 多种金融资产之间的收益都是相关的，并且这种相关关系基于历史数据得出并在未来保持不变。

3. 组合风险

市场风险一般有两种：个别风险（unique risk，unsystematic risk）和系统风险（systematic risk），前者指围绕着个别公司的风险，反映单个公司投资回报的不确定性，如因企业管理原因导致的风险；后者指因整个宏观经济社会不确定性的因素给所有企业带来的风险，这种风险无法由分散投资来减轻或消除，如利率、汇率、通胀等波动给企业带来的风险。

现代资产组合理论的提出主要针对化解投资风险的可能性，该理论认为，个别风险与其他证券无关，分散投资可以减少个别风险，由此个别公司的信息就显得不太重要；虽然分散投资可以降低个别风险，但是，系统风险与其他或所有证券的风险具有相关性，风险以相似方式影响市场上的所有证券价格时，所有证券都会做出类似的反应，因此投资证券组合并不能规避系统风险；其次，即使分散投资也未必是投资在数家不同公司的股票上，还可以分散在股票、债券、房地产等多方面。

该理论主要解决投资者如何合理投资形成证券组合以取得"承担一定风险条件下获得最大预期收益或实现一定预期收益条件下承担最小风险"问题。

4. 资产组合原理

一般说来，投资者对于投资活动所最关注的问题是预期收益和预期风险的关系。投资者或证券组合管理者的主要意图，是尽可能建立起一个有效组合。接下来的问题是什么样的组合是有效组合？那就是在市场上为数众多的证券中，选择若干股票形成股票组合，以求得单位风险水平上收益最高或单位收益水平上风险最小的效果。

证券组合收益或者称之为组合平均收益率就是组合内各资产收益率的加权平均数，即 $E(R_i) = \sum W_i * R_i$，其中，$i = 1, 2 \cdots n$；组合风险可以用下述公式表示。

$$\sigma_P^2 = \sum \sum W_j W_k \sigma_{jk} \,(j = 1, \, 2 \cdots n, \, k = 1, \, 2 \cdots n)$$

1. 有 n 项资产构成的资产组合；

2. W_j，W_k 分别是第 j 种、第 k 种资产所占的权重；

3. σ_{jk}：协方差，其中，$\sigma_{jk} = R_{jk} \sigma_j \sigma_k$，$R_{jk}$ 为相关系数。

$$\sigma_P^2 = \sum \sum W_j W_k \sigma_{jk} \,(j = 1, \, 2 \cdots n, \, k = 1, \, 2 \cdots n)$$

1. 对上式展开：

$n = 1$，$\sigma_P^2 = W_1{}^2 \sigma_1{}^2$

$n = 2$，$\sigma_P^2 = \sum \sum W_j W_k \sigma_{jk} \,(j = 1, \, 2, \, k = 1, \, 2)$

$\qquad = \sum W_j (W_1 \sigma_{j1} + W_2 \sigma_{j2})\,(j = 1, \, 2)$

$\qquad = W_1{}^2 \sigma_1{}^2 + W_1 W_2 \sigma_{12} + W_2 W_1 \sigma_{21} + W_2{}^2 \sigma_2{}^2$

$\qquad = W_1{}^2 \sigma_1{}^2 + 2 W_2 W_1 \sigma_{21} + W_2{}^2 \sigma_2{}^2$

$\qquad = W_1{}^2 \sigma_1{}^2 + 2 W_1 W_2 R_{12} \sigma_1 \sigma_2 + W_2{}^2 \sigma_2{}^2$

2. 推广开来，如果组合有 n 项资产，则风险展开式中协方差构成的矩阵（简称为协方差矩阵）如下：

$$\sigma_{11}$$

$$\begin{matrix} \sigma_{11} & \sigma_{12} \\ \sigma_{21} & \sigma_{22} \end{matrix}$$

$$\begin{matrix} \sigma_{11} & \sigma_{12} & \sigma_{13} \\ \sigma_{21} & \sigma_{22} & \sigma_{23} \\ \sigma_{31} & \sigma_{32} & \sigma_{33} \end{matrix}$$

3. 随着资产组合里的资产种类 (n) 不断增加，方差所占的比例 (n/n^2) 越来越小，即单项资产的风险对资产组合的风险影响越来越小。

假设每项资产投资比例为 $1/n$，单项资产的风险 $\sigma_{jj} = \sigma^2$，则：

$\sigma_P^2 = \sum \sum W_j W_k \sigma_{jk}\,(j = 1, \, 2 \cdots n, \, k = 1, \, 2 \cdots n)$

$\qquad = n/n^2 \sigma^2 + \sum \sum W_j W_k \sigma_{jk}\,(j = 1, \, 2 \cdots n, \, k = 1, \, 2 \cdots n, \, i \neq j)$

$\qquad = 1/n \sigma^2 + \sum \sum W_j W_k \sigma_{jk}\,(j = 1, \, 2 \cdots n, \, k = 1, \, 2 \cdots n, \, i \neq j)$

$\qquad \approx \sum \sum W_j W_k \sigma_{jk}\,(j = 1, \, 2 \cdots n, \, k = 1, \, 2 \cdots n, \, i \neq j)\,(n \text{ 足够大时})$

4. 以上揭示了资产组合可以分散掉某一单项资产风险的原因，即我们有一个基本的投资经验"不要把鸡蛋放在一个篮子里"的原因。

假设一投资组合有两项资产，资料见表 6-1 所列。求其组合风险。

表 6-1 资产组合指标

	投资比例	标准差	相关系数
1	0.4	0.3	0.2
2	0.6	0.5	

解：$\sigma_P^2 = W_1{}^2\sigma_1{}^2 + 2W_1W_2R_{12}\sigma_1\sigma_2 + W_2{}^2\sigma_2{}^2$

$\qquad = 0.4^2 \times 0.3 + 2 \times 0.4 \times 0.6 \times 0.2 \times 0.3 \times 0.5 + 0.6^2 \times 0.5^2$

$\qquad = 0.1524$，所以 $\sigma_P = 0.39$

讨论：我们已经知道，资产组合的收益是各资产收益率的加权平均数，而资产组合的风险为 0.39，把它和资产组合标准差的加权平均数：$0.4 \times 0.3 + 0.6 \times 0.5 = 0.42$ 比较，显然，资产组合的风险小于各资产标准差的加权平均数，这就是组合能够降低风险的结果。

5. 组合降低特殊风险

资产组合（$n=2$）风险的再讨论

1. $\sigma_P^2 = W_1{}^2\sigma_1{}^2 + 2W_1W_2R_{12}\sigma_1\sigma_2 + W_2{}^2\sigma_2{}^2 \not> W_1{}^2\sigma_1{}^2 + 2W_1W_2\sigma_1\sigma_2 + W_2{}^2\sigma_2{}^2 = (W_1\sigma_1 + W_2\sigma_2)^2$

2. 如果相关系数 $R_{12} = 1$，等号成立，此时，$\sigma_P = W_1\sigma_1 + W_2\sigma_2$，组合不具有分散风险的功能，譬如，如果选择工行股票和建行股票形成组合，由于二者相关系数高度相关，该组合不具有降低风险的功能。

3. 如果相关系数 $R_{12} = -1$，$\sigma_P = |W_1\sigma_1 - W_2\sigma_2|$，此时，在其他因素不变的情况下，只考虑相关系数作为变量，组合风险最小，可以适当地调整投资比例，让 $\sigma_P = |W_1\sigma_1 - W_2\sigma_2| = 0$，形成无风险组合。当然，由于未来的标准差和由历史数据计算的标准差又会不同，无风险组合实际上是不存在的，这也符合市场不存在套利空间的假设。

证券组合不能消除系统风险，但能够有效降低特殊风险，当证券组合内相关系数较小的证券种类数增加一定程度时，甚至可以消除特殊风险，这样，证券组合只面临系统风险了。

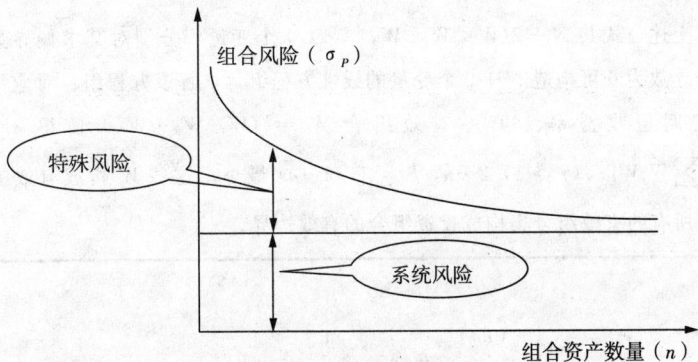

图 6-4　组合风险示意图

讨论：

1. 在这里，假设系统风险不变。实际上，系统风险会随着政策（财政政策、货币政策）、通胀、政治甚至国内稳定状况的变化而变化；

2. 随着组合内资产种类数量的增加，组合风险中的单项资产的特殊风险被不断降低：$\sigma_P^2 \approx \sum\sum W_j W_k \sigma_{jk}$（$j=1,2\cdots n$，$k=1,2\cdots n$，$i\neq j$）（$n$ 足够大时）

6. 有效组合

如果组合内有 n 项证券，由于投资比例不同会形成很多组合，那么如何确定投资比例呢？如图 6-5 所示。

有效投资组合满足的条件

$\max E = \sum W_i R_i$

$\sigma_P^2 = \sum\sum W_j W_k \sigma_{jk}$　（$j=1,2\cdots n$，$k=1,2\cdots n$）

$s.t.$

$\sum W_i = 1$，$W_i \geqslant 0$

或者满足下述公式：

$\min \sigma_P^2 = \sum\sum W_j W_k \sigma_{jk}$　（$j=1,2\cdots n$，$k=1,2\cdots n$）

$E = \sum W_i R_i$

$s.t.$

$\sum W_i = 1$，$W_i \geqslant 0$

以第二个公式为例，利用拉格朗日函数，设 λ_1，λ_2 为两变量，令

$$Y = \sum \sum W_j W_k \sigma_{jk}(j = 1, 2\cdots n, k = 1, 2\cdots n) + \lambda_1(\sum W_i R_i - E) + \lambda_2(\sum W_i - 1)$$

上述公式共 $N+2(W_1, W_2\cdots W_n, \lambda_1, \lambda_2)$ 个变量，分别对其求偏导数并让偏导数为 0 可构造 $N+2$ 个变量的线性方程组，求解该方程组，对应每一固定期望收益率、有一有效组合 $W = (W_1, W_2\cdots W_N)$ 使得 $\sigma_P^2 = \sum \sum W_j W_k \sigma_{jk}(j = 1, 2\cdots n, k = 1, 2\cdots n)$ 最小，这些 W 构成有效组合集，所有的有效组合集构成投资组合的有效边界。

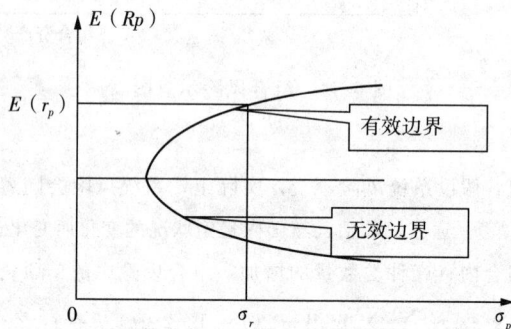

图 6-5 投资组合的有效边界

例如：拟用古井贡酒和罗平锌电两只股票构成一个证券组合，在某个时期内，假设相关资料如下表所示，求一恰当投资比例使其组合风险最小。

表 6-2 假设的两只股票资料

	标准差	相关系数
古井贡酒	0.1	0.2
罗平锌电	0.4	

解：$\sigma_P^2 = W_1^2 \sigma_1^2 + 2W_1 W_2 R_{12} \sigma_1 \sigma_2 + W_2^2 \sigma_2^2$

$\qquad = 0.01W_1^2 + 0.016W_1 W_2 + 0.16W_2^2$

约束条件：$W_1 + W_2 = 1$

建立拉格朗日函数：$Y = 0.01W_1^2 + 0.016W_1 W_2 + 0.16W_2^2 + \lambda(W_1 + W_2 - 1)$

令：

$$\begin{cases} \partial Y / \partial W_1 = 0.02W_1 + 0.016W_2 + \lambda = 0 \\ \partial Y / \partial W_2 = 0.016W_1 + 0.32W_2 + \lambda = 0 \\ \partial Y / \partial \lambda = W_1 + W_2 - 1 = 0 \end{cases}$$

解得：$W_1 = 0.987013$，$W_2 = 0.012987$

所以，在该组合中，应该购买罗平锌电的比例为 0.012987，购买古井贡酒的比例为 0.987013，此时，组合风险最小。

讨论：

1. 由于二者风险显著差异，为了使得组合风险最小，因此购买的高风险资产罗平锌电比例较低；

2. 如果已知二者股票预期收益率，要让组合收益率达到一个既定水平，需要重新构造一个拉格朗日函数，再多加一个变量；

3. 把求出的 W_1，W_2 代入组合风险公式，可求出组合风险（组合方差）。

7. 相关系数对证券组合风险的影响

相关系数是反映两个随机变量之间共同变动程度的相关关系数量的表示。对证券组合来说，相关系数可以反映证券组合中的每两种证券之间的期望收益做同方向运动或反方向运动差异的程度。

相关系数

证券 1 和证券 2 的相关系数定义为：

$$r_{12} = \sum (r_1 - E(r_1))(r_2 - E(r_2))/[\sum (r_1 - E(r_1))^2]^{1/2}[\sum (r_2 - E(r_2))^2]^{1/2}$$

讨论：

1. $r_{12} \in [-1, 1]$，完全负相关（$r_{12} = -1$），完全正相关（$r_{12} = 1$）；

2. 一般地，同行业企业股价相关系数较高，行业性质差异性高（如游戏传媒与钢铁生成）的相关系数较小；

3. 周期性行业和非周期性行业的两只股票大多呈现弱的正相关。

相关系数对组合收益没有什么影响，但对组合风险则有显著影响，在其他因素不变的情况下，相关系数发生变化而导致有效组合发生的变化规律如下所示：对于 A、C 两种证券，当相关系数变小时，其有效组合集形成的曲线更加显著地向左凸起，这说明随着两证券相关系数变小，为获得相同组合预期收益所

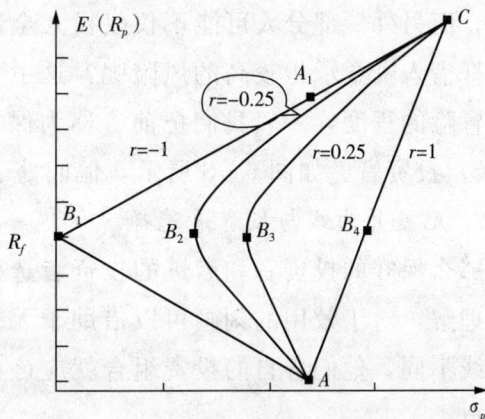

图 6-6 相关系数对投资组合的影响

承担的组合风险越来越小，或者在承担一定风险的条件下所获得的预期收益越来越大。

8. 无风险证券对有效边界的影响

在图 6-6 中的 B_1 点中，标准差为 0，具有这种特征的证券组合一般称为无风险证券组合，因为它在任何状况下收益率都没有波动性，这种收益率称为无风险收益率（R_f），如在没有通胀风险的条件下，国债利率可以看作无风险收益率，相应地国债可以看作无风险债券。射线 R_fMP 就是在考虑投资者拥有无风险资产和整个市场所有风险资产构成的组合的情况下有效组合的集合，在 MR_f 部分，投资者一部分资金购买了无风险资产，剩余资金购买了一部分整个市场风险资产构成的组合；在 MP 部分不但使用了全部自有资金购，而且还借入了一部分资金购买市场上所有的资产。

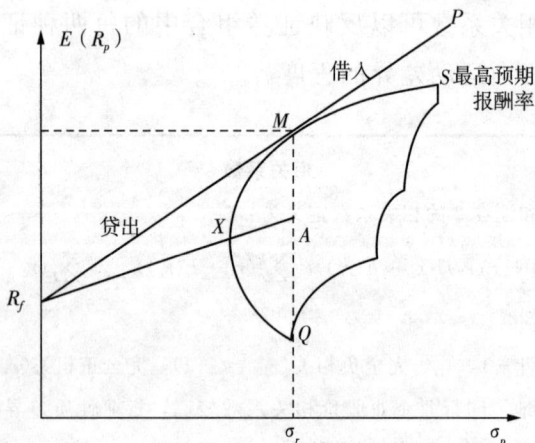

图 6-7　无风险证券和市场风险资产组合

另外一个问题是，为什么有人借出一部分资金甚至全部资金来减少自己的风险，而另外一部分人可能不仅仅投入全部家当购买风险资产，而且还利用财务杠杆借入资金承担较高的风险呢？这主要是投资者对待风险的态度，或者是敢于冒险的程度，一般我们把前者称为保守（稳健）投资者，而后者称为激进（积极）投资者。如图 6-8 所示，他们处于资本市场线不同位置。

9. 无差异曲线与投资者选择

那么保守的投资者和激进的投资者选择的依据是什么呢？可以从效用的角度来理解，对于效用的刻画可以借助于无差异曲线，那么不同的投资者的无差异曲线不同，他们各自的投资组合就应该在各自的效用无差异曲线和有效边界的切点。

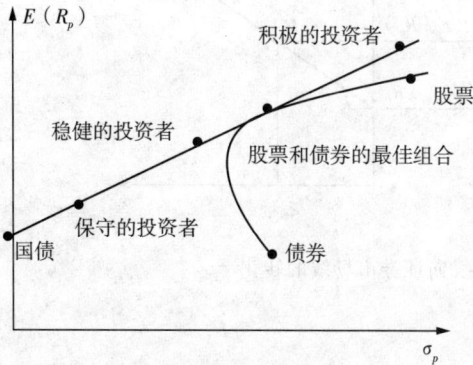

图 6-8 不同类型
投资者的选择

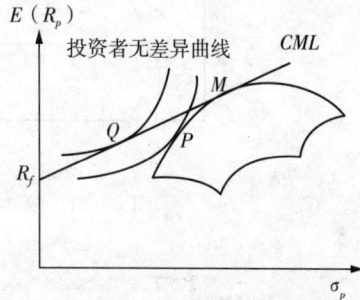

图 6-9 投资者风险
偏好对证券组合的影响

10. 资本市场线

由于无风险资产的存在，可以把整个资本市场的资产划分为无风险资产和由所有的风险资产构成的组合两种资产，无风险资产坐标为 $(0, R_f)$，所有风险资产构成的组合坐标为 (σ_m, R_m)，根据两点式写出的直线为：$E(R) = R_f + [(R_m - R_f)/\sigma_m]/\sigma_p$，这就是资本市场线（CML），如图6-10所示。

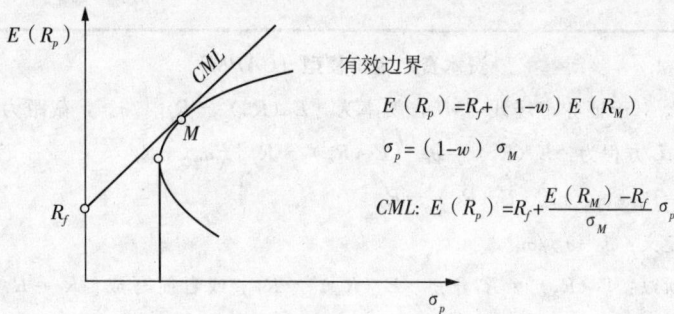

有效边界

$$E(R_p) = R_f + (1-w)E(R_M)$$

$$\sigma_p = (1-w)\sigma_M$$

$$CML: E(R_p) = R_f + \frac{E(R_M) - R_f}{\sigma_M}\sigma_p$$

图 6-10 资本市场线

11. 证券市场线

（1）CAPM 的推导

由于证券组合可以分散特殊风险，当组合内证券种类数足够多时，此时可以不考虑特殊风险了（即不考虑标准差了），只需要考虑不能通过组合分散的系统风险（协方差），如图 6-11 所示，这样，资本市场线把组合总风险作为横坐标（σ_p），而证券市场线把系统风险作为横坐标（σ_{im}），这样资本市场线就转化成证券市场线了，如图 6-12 所示。

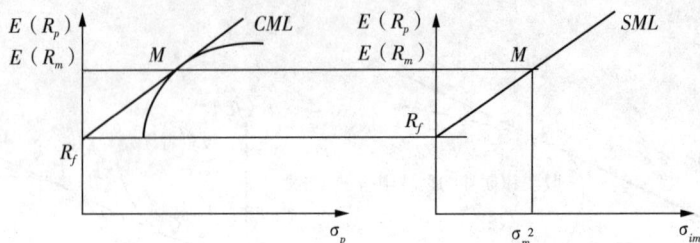

图 6-11 资本市场线向证券市场线的转化

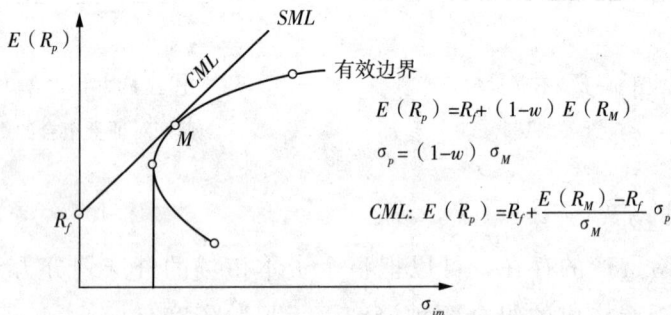

$$E(R_p) = R_f + (1-w) E(R_M)$$

$$\sigma_p = (1-w) \sigma_M$$

$$CML: E(R_p) = R_f + \frac{E(R_M) - R_f}{\sigma_M} \sigma_p$$

图 6-12 证券市场线

资本资产定价模型 (CAPM)

1. 对于证券市场线 SML，斜率为 $[E(R_m) - R_f] / \sigma_m^2$，截距为 R_f，则 SML 方程为：$E(R_p) = \sigma_{im} [E(R_m) - R_f] / \sigma_m^2 + R_f$

$$= R_f + \sigma_{im} / \sigma_m^2 [E(R_m) - R_f]$$

定义：$\beta_i = \sigma_{im} / \sigma_m^2$

所以：$E(R_p) = R_f + \beta_i [E(R_m) - R_f]$ 或者简写成：$R_i = R_f + \beta i (R_m - R_f)$。

2. SML 的斜率为 $[E(R_m) - R_f] / \sigma_m^2$，而不是 β 系数或 $[E(R_m) - R_f]$。

3. 依据 $CAPM$ 确定的报酬率成为投资者对资产要求的必要报酬率，进而作为贴现率使用来对资产价值评估。

4. 使用历史数据确定的 $CAPM$ 暗含一个假设：未来和历史相同，即未来证券价格波动性、无风险收益率、市场报酬率和历史数据均相同等。显然，实际发展肯定会发生变化，与历史有所不同，这就是 $CAPM$ 假设之一和使用存在局限性的原因。

（2）对 $CAPM$ 再讨论

影响 $CAPM$ 的因素主要有无风险报酬率 R_f、市场平均报酬率 Rm、β 系数。无风险报酬率是投资者不承担任何风险都应该享受的收益率，这一部分可以理解为货币时间价值，可以用一年期国债利率扣除通胀率剩余部分来反映，目前，由于国债利率水平普遍较低，而通胀率和国债利率相近，所以无风险利率几乎为零，甚至为负；市场平均报酬率可以理解为全社会平均投资报酬率，简单地可以用上海综合指数收益率来反映；最后一个至关重要的变量是 β 系数，影响企业 β 系数的因素可以划分为微观因素和宏观因素，微观因素有企业的发展阶段、行业性质、负债水平等，宏观因素有企业所处的国家或地区的稳定性、通胀状况、政策变化频率等，总之，凡是导致企业面临的风险发生变化的因素都会导致企业 β 系数的变化。

下面仅仅推导有负债企业和无负债企业 β 系数的关系，说明有负债企业 β 系数的影响因素有和它处于利润同一等级的无负债企业 β 系数、产权比率 B/S_L、公司所得税率 T_c、股利所得税率 T_s、利息所得税率 T_b，而影响 β_U 的因素又有很多。

$$\beta_s = \beta_U \left[1 + B/S_L \left(1 - T_c\right)\left(1 - T_s\right) / \left(1 - T_b\right)\right]$$

依据米勒模型风险补偿命题可知：

$$K_S = K_u + B/S_L \left[\left(1 - T_c\right)\left(1 - T_s\right) / \left(1 - T_b\right)\right]\left(K_u - K_b\right)$$

有负债企业股权资金成本率＝有负债企业股东必要报酬率

由 $CAPM$ $R_i = R_f + \beta_s \left(R_m - R_f\right)$ 得：$K_S = K_b + \beta_s \left(R_m - R_b\right)$

同理：无负债企业股权资金成本率 $K_U = K_b + \beta_U \left(R_m - R_b\right)$

所以：$K_b + \beta_s \left(R_m - R_b\right) = K_b + \beta_U \left(R_m - R_b\right) + B/S_L \left[\left(1 - T_c\right)\left(1 - T_s\right) / \left(1 - T_b\right)\right]\left[K_b + \beta_U \left(R_m - R_b\right) - K_b\right]$

化简可得：$\beta_s = \beta_U \left[1 + B/S_L \left(1 - T_c\right)\left(1 - T_s\right) / \left(1 - T_b\right)\right]$

3. 工商银行 β 系数特征分析

（1）引言

财务管理学中的 β 系数度量的是某资产或资产组合的价格相对于整个市场价格的波动性，它反映的是资产或组合的系统风险，其度量有两种方法：公式法和线性回归法，结果有三种可能性：β 大于 1，反映该资产系统风险大于整个市场系统风险；β 等于 1，反映该资产系统风险等于整个市场系统风险；β 小于 1，反映该资产系统风险小于整个市场系统风险。β 系数的大小受很多因素影响，企业微观因素包括市值、所处行业、股票流通量、增长等，宏观因素包括通胀率、经济周期、货币政策、行业政策等。

下面就用一元线性回归法来测定中国工商银行股份有限公司（简称为工行）股价 β 系数并探讨其原因。

（2）β 系数的测定

① 关于样本的选择

本文之所以选择工行股票作为分析的对象，主要原因在于它存在时间较长，剔除我国资本市场中投资者"炒新"习惯的影响，其次，工行市值很大，排除庄家操纵股价从而影响 β 系数的客观性。在选择研究周期上，本文选择 2013 年 1 月到 2015 年 8 月、2010 年 9 月到 2012 年 12 月两个期间的月 K 线的收盘价，因为从 Hawawini，Corrado an Schatzberg（1991）研究结论来看，如果使用日收益率资料计算 β，由于收益率分布相对于正态分布呈宽尾状，最小二乘法估计法可能无效。因此本文使用工行股价复权后月 K 线的收盘价作为股票价格计算得到股票收益率，用上证综指的月 K 线的收盘指数来得到上证综指的收益率。

② 一元线性回归方程的设定

$$Y_i = a + bX_i + u_i$$

其中：Y_i 为工行股价收益率，其计算公式为 $Y_i =$（收盘价 $j -$ 收盘价 $j - 1$）/收盘价 j，其中收盘价都采用每月复权后的股价；

X_i 为上证综指收益率，其计算公式为 $X_i =$（收盘指数 $j -$ 收盘指数 $j - 1$）/收盘指数 j；

a、b 为待定系数，u_i 为随机扰动项。其中，通过一元线性回归方法后得到 b 值就是 β 系数。

本论文重点不在于统计，重点在于用一元线性回归方法测出工行股票 β 系数，从而总结出具有工行特征的股票 β 系数的规律。

③ 一元线性回归结果[①]

使用 Eviews 软件进行一元线性回归结果见表 6 - 3 所列。

表 6 - 3　工行股价月 K 线（2013.1 - 2015.8）一元线性回归结果

Dependent Variable：Y

Method：Least Squares

Date：09/13/15　Time：15：30

Sample：1　31

---

① 本文回归分析所用数据来源于大智慧股票行情软件复权后月 K 线的收盘价。

Included observations：31

Variable	Coefficient	Std. Error	t－Statistic		Prob.
C	0.000572	0.007182	0.079611		0.9371
X	0.419906	0.090200	4.655297		0.0001
R－squared	0.427689	Mean dependent var			0.005868
Adjusted R－squared	0.407955	S. D. dependent var			0.051316
S. E. of regression	0.039485	Akaike info criterion			－3.563453
Sum squared resid	0.045213	Schwarz criterion			－3.470938
Log likelihood	57.23352	Hannan－Quinn criter.			－3.533296
F－statistic	21.67179	Durbin－Watson stat			2.461382
Prob（F－statistic）	0.000066				

由此得出，该一元线性回归方程为 $Y=0.000572+0.419906X$，所以，工行股票 β 系数为 0.419906。如果利用公式法计算 β 系数，同样可以得到该结果。

④ 模型检验

a. 经济意义检验

从 $\beta=0.419906$ 来看，大于 0 而小于 1，说明其股价和上证指数趋势一致，但波动幅度小于上证指数的波动幅度，这符合大盘股的运行特征。

b. 拟合优度检验

从拟合优度的度量指标：可决系数 R-squared 为 0.427689 来看，说明建模整体上对样本数据拟合尚可。之所以可决系数较低，原因在于上证指数作为自变量并不能完全解释因变量工行股价的变化原因，因为我们发现，由于银行股上涨具有挤出效应，即银行股价上涨会导致其他股价下跌，这可能导致上证指数不升反降。计算 β 系数并不要求很高的可决系数，因为 β 系数度量的是资产或组合的价格相对于市场指数的差异性。

c. 统计检验

对回归系数 b 的估计值的 t 检验：取 $\alpha=0.05$，在自由度为 $n-2=31-2=29$ 的条件下，查 t 分布表得临界值 $t_{0.025}$（29）＝2.045，因为 b 的 t 统计量为 $4.655297>t_{0.025}$（29）＝2.045，所以应拒绝 H_0：b＝0 的假设。这表明，上证指数对工行股价有显著影响。

（2）工行股票 β 系数的特征分析

① 工行股票 β 系数在 0.4 左右

从上面回归结果来看，工行股票 β 系数在 0.5 左右，说明工行股价波动幅度要小于上证指数的波动幅度，导致工行 β 系数较小的原因是工行股价波动较小，流通市值达到一万多亿，任何单一投资者很难通过自身力量来大幅度改变股价实现获利。风险反映的是未来收益的波动性程度，因而可见，工行股票的风险要小于整个市场的风险。风险厌恶者可能偏好这类股票。但这并不是说，购买工行股票就能获得收益，是否能够获得收益要依赖于你的购买和出售时机。

② 不同时期 β 系数不同

选择 2013 年 1 月到 2015 年 8 月作为样本期间，得到 β 系数为 0.419906；如果选择 2010 年 9 月到 2012 年 12 月作为样本期间，得到的回归结果见表 2，β 系数为 0.406101，两个期间 β 系数略有区别，原因在于 2013 年 1 月到 2015 年 8 月工行股价波动幅度和上证指数波动幅度要大于 2010 年 9 月到 2012 年 12 月的波动幅度，这也说明个别股票的特殊风险和市场系统风险在不同阶段的差异性，这从表 6-3 和表 6-4 中的标准差（Std. Error）也可以得出这个结论。

表 6-4　工行股价月 K 线（2010.9－2012.12）一元线性回归结果

Dependent Variable：Y

Method：Least Squares

Date：09/14/15　Time：09：50

Sample（adjusted）：1　27

Included observations：27 after adjustments

Variable	Coefficient	Std. Error	t-Statistic	Prob.
C	0.006627	0.004328	1.531339	0.1382
X	0.406101	0.076911	5.280102	0.0000
R－squared	0.527227	Mean dependent var		0.004893
Adjusted R－squared	0.508316	S. D. dependent var		0.031978
S. E. of regression	0.022423	Akaike info criterion		－4.686250
Sum squared resid	0.012570	Schwarz criterion		－4.590262
Log likelihood	65.26437	Hannan－Quinn criter.		－4.657708
F－statistic	27.87947	Durbin－Watson stat		2.387305
Prob（F－statistic）	0.000018			

③ 工行股价期间波动程度直接影响 β 系数的大小

β 系数反映的是资产或资产组合的风险（波动性）和整个市场系统风险（波动性）的差异。工行股票 β 系数在 0.4 左右，说明它的风险小于整个市场风险，即它的波动程度小于整个市场波动程度。工行作为流通市值达到 12000 多亿的大盘股，[1] 任何一个投资者很难操纵其股价，购买工行股票的投资者更多是长期持有者，通过长期持有获得股利分配实现投资收益，而不是股价波动来实现资本收益，这在其每天及其微小的换手率上也可以得出结论。

另一方面，由于市场投资风格和市场情绪在不断转换，这导致工行股价在某一期间处于休眠期，不温不火，反映在 β 系数上，数值较小，例如在 2010 年 9 月到 2012 年 12 月期间，β 系数为 0.406101；在另一期间处于活跃期，剧烈波动，反映在 β 系数上，数值稍大，例如在 2013 年 1 月到 2015 年 8 月期间，β 系数为 0.419906，后者活跃期比前者休眠期 β 系数大了 34%，同时也说明不同期间工行股价波动程度不同，风险各异。

（4）结论与建议

① 结论

通过本文对工行股价的 β 系数的测定和分析得出结论：工行股票 β 系数在 0.4 左右；推广开来，建行、中行、农行由于其业务性质、规模、发展阶段、增长率等与工行高度相似，它们股价高度相关，其股票 β 系数也在 0.4 左右；不同时期活跃性的差异导致工行股票 β 系数存在差异。

② 建议

投资者按对风险的态度划分为风险厌恶者、风险偏好者、风险中性者，那么，如果是风险厌恶者，除了可以进行银行存款、国债、企业债券等风险较小投资方式进行投资外，还可以选择购买具有低 β 系数特征的如工行等流通市值在万亿以上的股票进行投资，通过长期持有获得股利的形式实现投资收益。

当然，在现实生活中，不单单存在风险厌恶者，总还有一部分投资者愿意承担一定风险追求超额收益。如果是风险偏好者，就去选择投资风险较大的高 β 系数的项目如流通市值较小的股票、股指期货、融资融券、商品期货进行投资，从短期持有、高抛低吸等剧烈价格波动中获得价差收益；而对于风险中性者，可以选择高风险项目和低风险项目构造资产组合进行投资。

（四）评析

资产组合理论使用数学模型很好地解释了"人们为什么不应该把鸡蛋放在一个篮子里"的原因，给我们投资时形成合理地投资组合、进行理性投资找到了理论依据。而由资产组合理论发展形成的 CAPM 模型又让我们清楚知道投资必要报酬率的大小以及只有"当预期报酬率大于必要报酬率时才应该投资"的

---

① 工行 A 股流通市值为 1.21 万亿元，具体为 1218647200500 元（269612212500 × 4.52，其中 269612212500 为流通股数，4.52 为股价），截至 2015 年 9 月 14 日工行收盘价。

投资原则。

当然，这些理论也存在一定的缺陷，主要表现在以下几个方面。

1. 并不是所有理性投资者都是风险厌恶者

Markowitz 提出的假设"理性的投资者都是风险厌恶者"，这个假设不符合实际。例如，Markowitz 认为，投资者在遇到一种证券未来收益波动范围为 2%～28%，和另一种证券未来收益波动范围为 9%～21% 时，他愿意接受前者而放弃后者显然是不理智的，因为两种证券的平均收益都是 15%，但现实中，总有一些风险偏好的投资者常常会选择前者，当这种波动更大时，会更多吸引风险偏好者进行投资。其实，现实中依据投资者对待风险的态度可以把投资者划分为风险厌恶者、风险中性者、风险偏好者，风险大小各异的资产总能吸引相对应的一类投资者，就像有人选择把工资存起来、日积月累形成自己保守的投资风格（风险厌恶者），也有人选择把工作所得用于购买彩票、赌博或者投资股票等形成自己激进的投资风格（风险偏好者），当然也有一部分人二者兼顾、分散投资或称之为平衡投资（风险中性者）。

2. 历史不会重演

从 Markowitz 组合理论可以得出，预期收益和风险的估计是一个组合及其所包括证券的实际收益和风险的正确度量；相关系数反映证券未来关系；方差是度量风险的一个最适当的指标等，这些观点成立的基础是"历史会重演"、"历史是未来的一面镜子"。显然，这不符合"时时在变化、事事在变化"的客观规律，世界上没有一成不变的东西，如果有，那唯一不变的东西就是"变化"。

从投资组合资产角度看这些变化，证券历史数字资料不大可能重复出现，用历史数据计算的证券的标准差和相关系数来预测未来证券波动性和证券之间的关系暗含一个假设：证券未来价格的波动程度、时点和其他证券间的波动关系和过去一样，这显然不符合实际情况。譬如，这在前述工行 β 系数的计算中可以看到，不同时期工行 β 系数、标准差不同。

按照 Markowitz 的理论，应用价格的短期波动去决定一种证券的预期收益，应有一个高的或者一个低的预期方差，可是，在实践中，如果投资者受了有限流动性的约束，或者他们确实是一些证券长期投资者，那么，短期价格的波动本身并不对他们产生实际意义的风险。

3. 企业实际经营不可预测

在实际应用上，Markowitz 的理论也存在局限性，这主要表现如下几个方面：

第一，产生一个组合要有一套高级的而且相当复杂的程序来进行操作，实际上许多投资者和基金的管理者并不理解其理论中所含的数学概念，且认为投资及其管理只是一门艺术而不是科学。据说，一个职业经理人利用组合理论和各种模型进行三年的投资，投资绩效结果还没有超过"一个家庭主妇观察生活常用的某一品牌生活用品并购买其企业股票长期持有"取得的绩效。

第二，利用复杂的数学方法由计算机操作来建立证券组合，需要输入若干统计资料。然而，问题的关键在于输入资料的正确性。由于大多数预期收益率是主观的，存在不小的误差，把它作为建立证券组合的输入数据，这就可能使组合还未产生便蕴含着较大幅度的偏误。

第三，困难还在于大量不能预见的意外事件的发生，例如，一个公司股票的每股收益过去若干年来一直在增长，但可能因为整个股票市场价格的暴跌或者公司自身因素的爆发（三聚氰胺事件、瘦肉精事件、塑化剂事件），其股价立刻随之大幅度下降，从而导致以前对该公司的预计完全不符合企业的实际发展。此外，证券市场频繁的变化就必须对现有组合中的全部证券频繁地进行重新评估调整，以保持所需要的风险与收益均衡关系，因此要求连续不断的大量数学计算工作予以保证，这在实践中不但操作难度太大，而且还会造成巨额浪费。

三、案例：中交集团在斯里兰卡科伦坡港口城的项目获准复工

2016 年 3 月底刚刚送走了尼泊尔总理，4 月初中国又迎来了另一位南亚小国的总理，斯里兰卡总理维克拉马辛哈。斯里兰卡总理维克拉马辛哈于 4 月 6 日至 9 日对中国进行访问。此次访问两国在经济技术合作、司法、交通、金融、医疗卫生等领域签署了多份双边合作文件，决定继续推进中斯自贸协定谈判，争取年内取得成果，并加快汉班托塔港二期运营合作谈判。2016 年 3 月中旬，在维克拉马辛哈总理访问前，中国交通建设集团历程（下称"中交集团"）在斯里兰卡科伦坡港口城的项目获准复工。由于停工对中交集团造成每天 38 万美元的损失，中交集团因此要求 1.25 亿美元的赔偿金。斯里兰卡总理此次访问，期望与中国进行赔偿金的协商，并修正自 2015 年西里塞纳总统上任来变得冷淡的中斯关系。

中国在斯投资的重点项目

斯里兰卡地理位置优越，被誉为"印度洋的明珠"，在历史上是海上丝绸之路的要道。现在，斯里兰卡既是中东石油经印度洋运往亚洲的海上要塞，也是通往中国大陆及印度东部的重要中转站。在中国实施"一带一路"战略的背景

下，斯里兰卡的战略地位显而易见。最近十年，中斯关系发展迅速，2009年斯里兰卡内战结束，战后重建需要大力吸引外资进行基础设施建设，中国凭借其"不附带条件的海外援助政策"，迅速成为斯里兰卡最主要的援助国。中资企业在斯里兰卡投资主要以承揽工程和设备出口等形式为主，深度参与了斯里兰卡海港、机场、发电站、公路等大型基础设施建设项目，并伴有少量的电信服务项目和纺织行业项目。2013年中斯关系提升为战略伙伴关系，2014年9月习近平访问斯里兰卡，两国宣布开启自贸区谈判。中国在斯里兰卡建设的标志性项目之一是汉班托塔大型深水港。它是中国在斯里兰卡援建的第一座港口，自2012年6月向国际航运开放以来，在解决亚洲地区航运中转问题和发展斯里兰卡经济方面发挥了积极的作用。中国投资建设的普特拉姆燃煤电站的平稳运行，为确保斯全国电力稳定供应发挥了关键性作用，也是中斯大项目合作的典范。应该说中国在斯的投资符合两国的长远发展利益。可是，在2015年，正当国内对中斯关系发展前景一片看好之时，中国在斯里兰卡的投资却遭遇了巨大障碍。其中最为突出的例子就是港口城项目。

科隆坡港口城项目是中交集团与斯里兰卡港务局合作开发的综合类特大型投资建设项目，将为科伦坡建设一个集商业、居住和休闲等综合功能于一体的城市新区。该项目于2014年9月17日正式动工，习主席还为港口城开工剪彩。港口城第一期投资高达14亿美元，建成后，可供约27万人居住生活，预计将创造超过8.3万个就业机会，这对斯里兰卡的经济发展将会是非常积极的推动。然而2015年1月8日，斯里兰卡举行新一届总统大选，被认为"亲中"的原总统拉贾帕克萨意外落选，而在原内阁担任卫生部长的西里塞纳倒戈成为反对派联合候选人胜出，成为新总统。竞选期间西里塞纳通过对拉贾帕克萨的个人集权、家族贪污腐败和民族歧视的批评来塑造自己民主清廉并致力于民族和解的形象，以赢得僧伽罗族、泰米尔族、穆斯林和基督徒在内的广大选民。在这种选举宣传策略下，中国不可避免地被当成了专制贪腐政府的帮凶，中国在斯的众多大型工程项目也遭受到猛烈的批评。

西里塞纳当选后对政策进行大幅调整，一方面适度疏远中国并缓和与印度的关系，另一方面，加强与西方国家的联系，寻求恢复因前政府时期的人权问题而减少的西方国家政治经济支持，促进国外对斯里兰卡的投资的多样化。在国内，西里塞纳发起对前总统拉贾帕克萨家族及其政府高官的贪腐调查和起诉，重审或叫停前政府通过的绝大部分外国贷款或投资项目，其中包括大部分中国贷款及投资项目。在这样的背景下港口城于2015年3月被斯新政府以"缺乏相关审批手续"缺少透明度，"重审环境评估"等为由叫停。此次事件再次让我国政府和企业体会到了海外投资的政策风险，即投资所在国国内政治斗争及政策的调整可能造成的挫折以及经济损失，也导致了中国政府对斯里兰卡政策的重新审视。

复杂的政治生态

在斯里兰卡投资，需要考虑其错综复杂的民族问题和政治生态。斯里兰卡最基本的政治矛盾是僧伽罗人和泰米尔人两大族群的矛盾。斯里兰卡主体民族为僧伽罗人，占人口的百分之七十以上，其次是泰米尔人，大约占百分之十八。僧泰两族都是从印度迁入的，自古以来征战不断。而英国殖民的统治更使得僧泰两族的隔阂和矛盾增大。在教育上，殖民当局大力推广英语教育，在当地培养了一批受过西方教育、接受西方文化观念的知识精英。由于斯里兰卡泰米尔人具有较强的英语能力，受到殖民当局重用，从而占据政府、学校等公共机构中的大量职位，这被僧伽罗人看作是对他们民族歧视的一个重要证据，为两族关系的恶化埋下了伏笔。

1948年斯里兰卡独立后，僧伽罗人掌权，积极推动以僧伽罗人为唯一主体民族的国家建构，实施了一系列使两族之间的矛盾激化的政策，例如：规定僧伽罗语为唯一官方语言，使泰米尔人失去原有的优势，在政府学校等公共部门的任职情况显著改变；通过大学教育改革使优秀的泰米尔学生被排斥在大学校门之外；通过立法剥夺了在英殖民时期由印度南部招募的泰米尔种植园工人的公民权和选举权；规定佛教为国教，使泰米尔人信奉的印度教不再受到国家的重视，泰米尔人成了二等公民。这一系列政策使得泰米尔人的政治经济地位受到严重侵害，从而引发了泰米尔人的民族分离主义运动。20世纪70年代下半期，泰米尔人的分离主义运动就如何实现独立分成了两派，一派以泰米尔联合解放阵线为首，主张通过议会斗争及非暴力方式推动泰米尔人的自治乃至独立；另一派是以泰米尔伊拉姆解放虎（通称猛虎组织）为代表主张通过暴力建立一个独立的泰米尔国家。1983年7月，猛虎组织伏击了政府军车队，造成13名政府军官兵死亡，斯里兰卡自此陷入内战之中。2009年5月，斯里兰卡政府军在对猛虎组织的作战中取得了彻底的胜利，击毙了该组织的头号首领普拉巴卡兰及多名核心领导成员，宣告了斯里兰卡近30年的内战结束。政府军在军事上虽然取得了胜利，但是僧伽罗人和泰米尔人两大族群的政治和解仍很难实现，泰米尔人的怨恨和不满仍然是这个国家未来的不稳定因素。

就国内政局而言，当前斯里兰卡政坛架构出现了新的历史机遇。独立以来斯里兰卡的政治长期由两个僧伽罗大党——统一国民党和自由党垄断着，斯政局多年来都是这两党轮流坐庄。在强大的僧伽罗民族主义压力下，这两个政党在执政时都缺乏对形势的通盘考虑，不敢出民族问题方面的妥协，有时虽采取一些主动措施促进和解，也被迫放弃或遭受破坏。而在野时，则挑动民族主义情绪，煽动对泰米尔人的传统恐惧与仇恨，促使对方政府尽快垮台。目前的斯里兰卡政府是联合政府，西里塞纳是自由党人，是原总统拉贾帕克萨的政治盟友，他的当选促成了两大政党的历史性合作，而维克拉马辛哈总理则来自统一国民党，这对斯里兰卡政治局势来说是前所未有的变化。斯里兰卡民众对两大政党组建联合政府抱有很大信心。他们希望联合政府能解决斯里兰卡面临的危机和问题。西里塞纳总统在国内积极反腐，推动宪法改革，促进民族和解的举措，也得到主要政治派别的拥护。外交上修正亲中路线，重回大国平衡路线，即努力与印度、中国以及西方大国都保持较为良好的关系。这种外交调整也是国内政治派别斗争的需要，以示与前政府的区别。目前，僧泰冲突依然暗藏变数，民族和解道路仍相当漫长。西里塞纳的改革在多大程度上能够成功，政治和解方案是否仍然只是停留在政治口号层面，斯国内政治生态未来的发展还有待我们观察。

中国调整政策改善关系

港口城叫停事件后，中国政府重新调整对斯的公共外交，采取各种措施改善中国在斯里兰卡的形象，其中包括邀请斯里兰卡记者访问中国，与智库负责人互动，雇佣斯里兰卡人在中国的项目中工作，并且还向斯里兰卡人提供奖学金前往中国学习。此外，中国已经成为斯里兰卡第二大旅游客源国，促进了当地旅游业的发展。中国政府还开展了与斯里兰卡在公共卫生方面的合作。斯里兰卡是慢性肾病的高发区，中方采取诸多举措，包括派遣中科院专家组，在肾病预防与治疗等方面帮助斯里兰卡。

新总统西里塞纳本人就来自肾病高发的波隆纳鲁沃。为了争取新总统西里塞纳的支持，中方还同意在波隆纳鲁瓦地区援建一所肾病医院。一段时间以来中国推行软实力的做法已经取得成效。由于中国在斯里兰卡投资的工程多是关系其国计民生的基础设施建设项目，这些项目投资大、回报周期长，世界上没有其他国家及国际组织能够取代中国在这方面的重要地位。虽然印度作为南亚地区大国一直在斯里兰卡内政上保持较大的影响力，内战结束后印度的对斯政策也以经济合作为中心，承诺将全力帮助斯里兰卡进行经济重建，但是在斯里兰卡重建和经济援助问题上印度是心有余而力不足。斯里兰卡作为中国海上能源生命线上的重要节点和商船的主要补给基地，对于确保中国战略安全具有突出的意义。因此中斯互利合作伙伴关系的前景仍然乐观。

未来，中国企业在斯里兰卡的投资需谨慎。我们要意识到斯里兰卡民族问题的历史性和复杂性，不是打败猛虎组织就能够解决的。南亚后殖民国家大多政治生态极不稳定，政权的更替是常态，殖民主义遗留的民族问题，盘根错节的家族政治，政治精英的利己主义，无一不成为南亚发展的致命伤。斯里兰卡战后的重新安置、复兴和民族和解需要国内各政治派别的协同合作，而已产生的矛盾和冲突，以及造成的各民族心理上的创伤不会短期内被消化，随时都有可能被政客政党的私利操纵，并在不当的政策下激化。中国当前在斯里兰卡的投资几乎都集中在基础设施投资，一旦政权更替，变数极大。因此中国在斯里兰卡有投资多样化的必要。此外我们要进一步了解斯里兰卡的历史、社会体制和文化，通过公共外交策略树立中国在斯里兰卡的良好形象，并积极与斯里兰卡国内的各个政治力量进行接触对话，推动斯里兰卡向有利于民族和解、社会稳定的方向转化，才符合我们"一带一路"建设的大局战略。

澎湃新闻

请你结合案例思考如下问题：

1. 如何理解在国外进行投资项目时可能遇到的政策风险、政治风险、战争风险，以及这些风险与国家稳定之间的关系？

2. 中交集团如何化解、防范或降低科伦坡港口城政治风险给企业带来的不利影响？

3. 国内企业"走出去"战略的实施会比纯粹在国内经营面临更多的风险，这些风险是如何产生的？企业如何防范这些风险？

4. 从斯里兰卡港口城项目所遇到的波折的角度理解我国提出的"改革、稳定、发展"重要性。

5. 本案例对于我国企业实施"一带一路"战略时有何启示？

第七章　期货、期权

本章学习目标：

● 掌握期货概念、功能和在企业财务管理中的应用；

● 掌握期权概念、与期货的区别和联系、期权价值评估；

● 掌握期权在企业财务管理中的应用；

● 掌握股票期权激励计划含义、作用、主要形式；

● 掌握企业实施股票期权激励计划法律法规的相关规定、实施程序和关键环节。

一、期货

（一）期货的相关概念

1. 期货

期货（Futures）与现货相对，指的是交易双方不必在买卖发生时就交收标的物，而是共同约定在未来某一时候进行标的物交割的标准化合约，即期货是一种标准化的远期合约，合约里规定现在进行买卖合约的标的物、但约定在未来来进行钱货两清、进行交割符合标准的标的物。

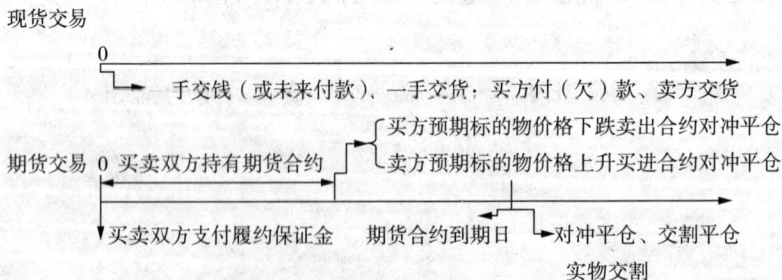

图 7-1　现货交易和期货交易的比较

2. 期货标准化

期货合约标的物可以是某种商品（例如黄金、原油、大豆、棉花等），此时称之为商品期货，也可以是金融工具（如债券），此时称之为金融期货，还可以是金融指标（如股票指数），此时称之为股指期货，不论标的物是何种形式，都要符合期货合约事先特别约定的标准，下面通过表7-1大豆期货为例来说明这种标准化的期货合约。

表7-1 大连期交所大豆期货的标准化

交易品种	黄大豆
交易单位	10吨/手
报价单位	人民币
最小变动价位	1元/吨
涨/跌停板幅度	上一交易日结算价的±4%
合约交割月份	1，3，5，7，9，11
交易时间	每周一至周五上午9：00—11：30，下午13：30—15：00
最后交易日	合约交割月份的第十个交易日
最后交割日	最后交易日后七日（遇法定节假日顺延）
交割等级	以黄大豆1号为例，标准见表7-2
交割地点	大连商品交易所指定交割仓库
交易保证金	合约价值的5%
交易手续费	4元/手
交割方式	集中交割
交易代码	A黄大豆一号 B黄大豆二号
上市交易所	大连商品交易所

表7-2 黄大豆1号交割标准品品质技术要求

完整粒率（%）	种皮	损伤粒率（%）		杂质含量（%）	水分含量（%）	色泽气味
		合计	其中：热损粒			
≥85.0	黄色、淡黄色混有异色粒限度为5.0%	≤3.0	≤0.5	≤1.0	≤13.0	正常

大豆期货其他的相关规定还有，对于转基因大豆：不得以标准品或替代品交割、卫生标准和动植物检疫项目按GB1352-2009执行。储存品质技术要求：

入库指标，宜存；出库指标，宜存或不宜存等。检验方法及规则：按照 GB 1352－2009 和国粮发［2000］143 号执行。

3. 期货交割

期货交割一般有两种方式，一是对冲平仓（投资或投机目的）；二是实物交割（套期保值目的）。实物交割就是用实物交收的方式来履行期货交易的责任，期货交易的买卖双方在合约到期时，对各自持有的到期未平仓合约按交易所的规定履行实物交割，了结其期货交易的行为。

表 7－3　黄大豆 1 号期货合约质量差异升扣价

项目		质量标准（%）	允许范围（%）	质量差异（%）（高＋；低－）	升扣价（元/吨）	备注
完整粒率		≥85.0	≥95.0	－－－－	30	－－－－
			≥90. 且＜95.0		10	
			≥80. 且＜85.0		0	
			≥75. 且＜80.0		－30	
损伤粒率	合计	≤3.0	≤5.0		0	
			≤8.0		－30	
	其中：热损粒	≤0.5	≤3.0		0	
水分含量		≤13.0	11、1、3 合约月份＜15.0；5、7、9 合约月份≤13.5	－1.0	＋20	1. 升水升至水分含量 12.0%。2. 低于或高于标准不足 1.0% 不计算升扣价。
				＋1.0	－55	
杂质含量		≤1.0	＜2.0	－0.5	＋10	低于或高于标准不足 0.5% 不计算升扣价。
				＋0.5	－30	

实物交割在期货合约总量中占的比例很小，因为大部分期货交易都不是企业因未来所需原材料或者销售商品进行的套期保值，而是投资者期望通过纯粹期货交易获得投资收益，因而大部分期货交易到期前提前对冲平仓。然而正是实物交割机制的存在，使期货价格变动与相关现货价格变动具有同步性，并随着期货合约到期日的临近而逐步趋近。

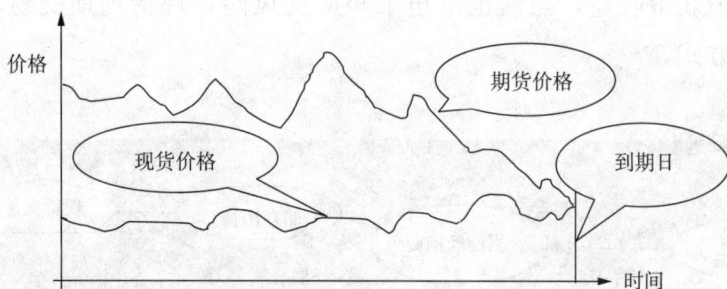

图 7-2 期货价格与现货价格的关系（以期货价格高于现货价格为例）

期货的实物交割过程既是期货交易的延续和终结点，按照其交易本质来看又是一种现货交易行为，它处于期货市场与现货市场的交接点，是期货市场和现货市场的桥梁和纽带，可以说，期货交易中的实物交割是期货市场存在的基础，是期货市场套期保值、价格发现两大功能发挥作用的根本前提。

交割日期是未来某一时点，一般来说，随着交割日期的临近，时间越短，不确定性越小，风险也越小，这样最终结果是期货价格波动也越小。

（二）期货市场的发展

1. 国外期货市场的发展历程

期货交易是在现货远期交易合约的基础上发展起来的，19 世纪中叶，芝加哥因为其优越、便捷的地理位置成为美国交通枢纽、农产品集散地和加工中心，大量农产品在芝加哥进行买卖，人们面对面进行讨价还价、现货撮合交易，这种交易模式价格波动异常激烈：在收获季节，农产品集中上市导致供过于求、价格暴跌，使得农场主常常连运费都收不回来；第二年春天青黄不接的季节里，谷物匮乏，价格暴涨，加工商又买不到需要的谷物。

为了解决集中供应和缓缓需求的矛盾，谷物产地的经销商通过现货远期交易合约的方式收购农场主的谷物、储存起来，然后分批上市。这种模式对当地经销商来讲存在两个问题：一是收购时需要大量银行借款购买农场主的谷物储存起来；二是经销商长时间的储存谷物同样面临价格波动、变质损坏的风险，这种风险只不过原来由农场主承担转移到由谷物经销商承担。显然，当地经销商同样也可以和芝加哥贸易商和加工商达成现货远期交易合约，这样就把风险不断地分散出去。

有限的芝加哥谷物贸易商和加工商可能会压低价格，于是谷物产地经销商会找那些非谷物贸易商参与交易，非谷物贸易商可能会参与交易以寻求获利机会，因为任何一个投资者只要认为自己比别人更聪明、拥有更多的信息、预测比别人更准确、现在的报价偏低或偏高，他就会参与交易，任何一个交易方可能会从交易中获得收益，当然也承担了相应的风险，现货远期交易就成为一种普遍的交易方式。

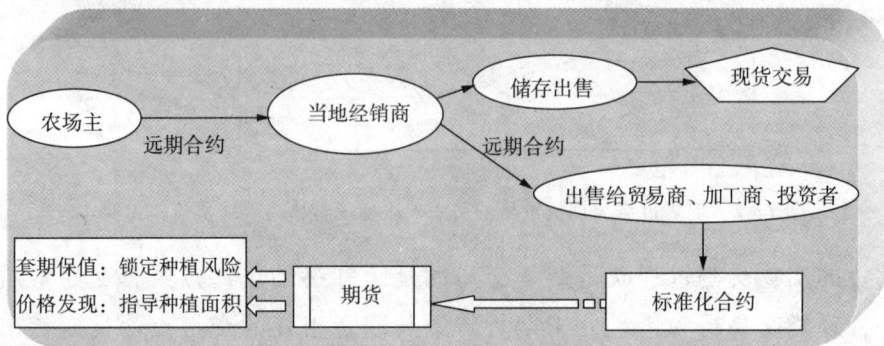

图 7 - 3　期货产生的路径

当时，人们需要建立一种发现谷物未来价格的市场机制，如果现在能够发现未来 6 个月、甚至更长时间的谷物价格，那么农场主就可以根据现在的市场报价来决定种植农作物的面积和品种、根据预计的产量卖出相应的农作物、并约定在未来谷物成熟时进行交付符合标准的谷物，于是，现代期货就形成了。

1848 年芝加哥期货交易所（CBOT）的成立，标志着现代期货交易的开始。在 CBOT 成立后的初期，它还不是一个真正意义的期货交易所，只是一个现货交易、现货中远期合约转让的场所。

1865 年，CBOT 实现了合约的标准化，推出了第一批标准化的期货合约：品质、数量、交货时间、交货地点、付款条件等方面进行了标准化。标准化的期货合约让交易方便利地转让期货合约，同时使得生产经营者可以便利地通过对冲平仓解除自己的履约责任，或者实物交割平仓来实现自己对所需原材料或销售商品套期保值的目的，极大提高了期货合约的流动性。CBOT 还制定了按期货合约价值 10％缴纳保证金的制度，这种保证金制度形成的杠杆效应使得市场期货交易规模扩大。1891 年，明尼阿波利斯谷物交易所的结算所成立，随后，CBOT 结算所成立，标准化的期货合约和现代结算所的成立使得现代期货交易制度最终形成。

2. 我国期货市场的发展

1990 年 10 月，郑州粮食批发市场开业并首先引入期货交易机制，我国期货市场已经走过 20 多年的发展历程。

> **我国期货市场的发展**
>
> 1990年10月12日郑州粮食批发市场经国务院批准成立，以现货交易为基础，引入期货交易机制；
>
> 1991年5月28日上海金属商品交易所开业；
>
> 1991年6月10日深圳有色金属交易所成立；
>
> 1992年9月第一家期货经纪公司——广东万通期货经纪公司成立，标志中国期货市场中断了40多年后恢复；
>
> 1993年2月28日大连商品交易所成立；
>
> 2006年9月8日中国金融交易所成立；
>
> 2010年4月16日推出国内第一个股指期货——沪深300股指期货合约；
>
> 2011年4月15日大连商品交易所推出世界上首个焦炭期货合约。

（三）期货的种类

表7-4 期货交易品种

农产品期货	大豆、豆油、豆粕、籼稻、小麦、玉米、棉花、白糖、咖啡、猪腩、菜籽油、棕榈油
金属期货	铜、铝、锡、铅、锌、镍、黄金、白银、螺纹钢、线材
能源期货	原油（塑料、PTA、PVC）、汽油（甲醇）、燃料油
其他期货	气温、二氧化碳排放配额、天然橡胶、股指期货、汇率期货、利率期货

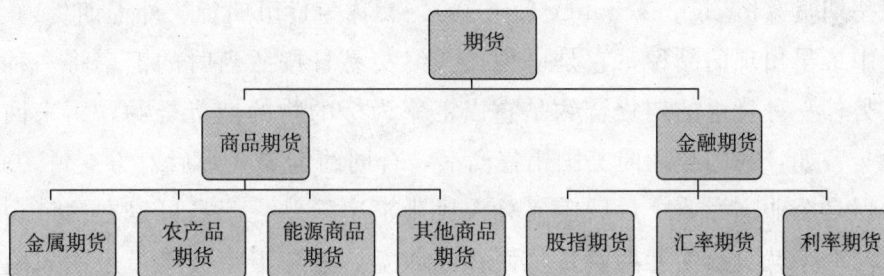

图7-4 期货的种类

> 我国目前证监会批准的四大期货交易所和期货交易品种：
>
> 上海期货交易所：铜、铝、锌、天然橡胶、燃油、黄金、螺纹钢、线材、铅、白银
>
> 大连商品交易所：大豆（黄大豆1号、黄大豆2号）、豆粕、豆油、塑料、棕榈油、玉米、PVC、焦炭期货
>
> 郑州商品交易所：硬麦、强麦、棉花、白糖、PTA、菜籽油、籼稻、甲醇
>
> 中国金融期货交易所：股指期货

股指期货（Share Price Index Futures）（简称 SPIF、期指），是指以股价指数为标的物的标准化期货合约，双方约定在未来某个特定日期、可以按照事先确定的股价指数的大小进行标的指数的买卖，到期后通过现金结算差价来进行交割。股指期货交易品种主要有英国 FTSE 指数、德国 DAX 指数、东京日经平均指数、香港恒生指数、沪深 300 指数。下面以沪深 300 期指为例说明股指期货合约的要点。

表 7-5　沪深 300 股指期货合约要点

交易所	交易品种	交易单位	涨跌幅度%	交易所保证金	合约交割月份
中国金融期货交易所	IF 股指	每点 300 元	10%	当月次月 15%，其他合约 18%	当月、下月及随后两个季月

利率期货（Interest rate futures），是指以债券类证券为标的物的期货合约，它可以避免利率波动所引起的证券价格变动的风险。具体说来，如果企业持有其他企业的债券，担心市场利率上升而导致债券价格下降，可以买进对应期限的利率期货，如果利率上升；债券价格下跌遭受损失，但购进的利率期货让企业获利，从而实现套期保值。利率期货一般可分为短期利率期货和长期利率期货，前者大多以银行同业拆借市场 3 月期利率为标的物，后者大多以 5 年期以上长期债券为标的物。

汇率期货（foreign exchange futures）（又称为货币期货、外汇期货），是金融期货中最早出现的品种，它是一种在最终交易日按照当时的汇率将一种货币兑换成另外一种货币的期货合约是它以汇率为标的物的期货合约，用来回避汇率风险。譬如，我国企业向美国销售商品，合同约定 3 个月后对方支付 1000 万美元，但是企业担心 3 个月后美元兑人民币汇率下跌，于是可以在签订合同时按当时的汇率就卖出美元期货，从而锁定收益、避免汇率波动带来的风险，实现套期保值的目的。

（四）期货的功能

1. 套期保值

套期保值：在现货市场上买进或卖出一定数量现货商品同时，又在期货市场上卖出或买进与现货品种相同、数量相当、但方向相反的期货合约，因为价格的波动，以一个市场的盈利来弥补另一个市场因商品价格波动导致的亏损，达到规避市场价格波动给企业所带来风险的目的。譬如，如果企业担心所需原材料未来价格会上涨，就可以现在就购进期货，如果未来原材料价格上涨，虽然采购原材料成本上升了，但是期货市场盈利了；反之，如果未来原材料价格下降，虽然期货市场亏损了，但是采购原材料的成本下降了。同样，如果企业担心产品未来价格下跌，现在就可以卖出对应数量、对应时点、对应品种的期货，同样可以达到套期保值的目的。

套期保值是把期货市场当作转移价格风险的场所，利用期货合约作为将来在现货市场上买卖商品的临时替代物，对其现在买进准备以后售出的商品或对将来需要买进的商品进行提前锁定价格的交易活动。

在现货市场和期货市场对同一种类的商品同时进行数量相等但方向相反的买卖活动，即在买进或卖出实货的同时，在期货市场上卖出或买进同等数量的期货，经过一段时间，当价格变动使现货买卖上出现的盈亏时，可由期货交易上的亏盈得到抵消或弥补。从而在"现在"与"未来"之间、"近期"和"远期"之间建立一种对冲机制，以使价格风险降低到最低限度。这就是套期保值的基本特征。

在有效市场条件下，市场不存在套利空间。如果现货市场价格低于期货市场价格，投资者获得这个信息后就会大量在现货市场购进，而同时在期货市场卖出，持有到期进行交割从而获得无风险收益，不断持续的套利活动最终使得市场不存在套利空间。企业利用期货套期保值的目的不在于通过期货交易获利，而是通过期货交易达到锁定原材料成本或产成品价格的目的，从而降低企业所面临的原材料和产成品价格波动所产生的市场风险。

企业利用期货市场套期保值

在现货市场花费 40 万元购进 100 吨大豆加工生产豆油，预计三个月后生产完工并出售，但是担心大豆价格未来下跌导致豆油价格跟随下跌带来损失，于是可以在大连期货交易所出售 100 吨相同品种的大豆期货。如果 3 个月后大豆价格下跌到 30 万元，现货市场会损失 10 万元，但期货市场会产生投资收益 10 万元，这就做到了套期保值。

另外一种情况是，如果企业担心三个月后生产的 50 吨产品如豆粕价格可能会下跌，现在就可以按照目前的期货价格卖出 3 个月到期交割的 50 吨豆粕，这样就锁定收益，即使未来价格下跌，也可以按照早先期货价格卖出；当然，如果未来豆粕价格上涨，也不能享受价格上涨带来的收益了。

期货交易之所以能够保值，是因为某一特定商品的期货价格和现货价格同时受共同的经济因素的影响，两者的价格变动方向一般是一致的，由于有交割机制的存在，在临近期货合约交割期，期货价格、现货价格具有趋同性。

当然，套期保值购买的期货超出企业需要的原材料量或者出售期货超出企业生成量时，就构成了期货投资，投资量远远超过企业需要时，其实就是投机，生产型企业一般会通过企业风险内部控制制度实施套期保值，避免投机，也不乏一些企业由于内部控制制度漏洞，或者企业内控制度执行不力导致员工失去理智、过度投机，反而放大了企业的风险。

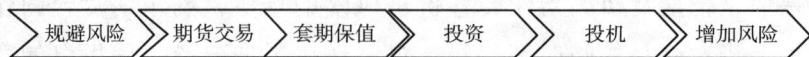

图 7-5　企业期货套期保值的变异

现在，越来越多的企业选择期货套期保值来锁定原材料成本或产成品价格以控制价格波动所带来的风险，下面框中资料是圣农发展关于公司开展期货交易来实现套期保值目的的公告。

2. 价格发现

由于期货交易是公开进行的对远期交割商品的一种标准化合约交易，在这个市场中集中了大量的市场供求信息，不同的交易主体从不同的地点、时间，对各种信息的不同理解，通过公开竞价形式产生对商品远期价格的不同看法，这些不同看法会最终导致交易价格形成；并且随着交易主体接收到新的信息发生导致商品价格变化，从而导致期货价格的波动，随着交割日期的临近，不确定性的信息越来越少，期货价格逐步逼近现货价格。

期货交易过程实际上就是综合反映供求双方对未来某个时间供求关系变化和价格走势预期的反映。这种价格信息具有波动性、连续性、公开性和预期性的特点，有利于增加市场透明度，提高资源配置效率，期货具有的这种通过交易机制来发现未来期货标的物（商品）价格的功能称之为价格发现功能。

圣农发展关于 2016 年度开展商品期货套期保值业务的公告

本公司及董事会全体成员保证公告内容真实、准确和完整，不存在虚假记载、误导性陈述或者重大遗漏。

福建圣农发展股份有限公司（以下简称"公司"）于 2016 年 4 月 22 日召开第四届董事会第七次会议，审议通过了《关于 2016 年度开展商品期货套期保值业务的议案》，同意公司 2016 年度进行所需原料的套期保值业务，现将有关情况公告如下：

一、套期保值背景

玉米、豆粕是公司生产所需的主要原料，其采购成本占公司总体经营成本的 60% 以上，随着公司规模的不断扩大，对原料需求的规模也随之增大，为规避这些原材料价格的大幅波动给公司经营带来的不利影响，公司计划进行套期保值业务操作，以有效管理价格大幅波动的风险。

二、套期保值基本情况

1. 套期保值期货品种范围：公司套期保值的期货品种范围为公司所需原料，即玉米与豆粕。

2. 拟投入资金及业务期间

2016 年，公司拟套期保值的原料合约最高数量不超过 2016 年度对应原料耗用量的 50%。预计所需保证金最高占用额不超过人民币 2 亿元。如拟投入资金有必要超过人民币 2 亿的，应制定具体实施方案，并根据公司《商品期货套期保值内部控制制度》规定履行审批程序后执行。

3. 满足《企业会计准则》规定的运用套期保值会计方法的相关条件：根据公司实际经营情况，公司将主要以《企业会计准则》规定的公允价值套期保值为目标，在实际操作过程中，公司将持续地对套期保值的有效性进行评价，确保相关套期保值业务高度有效，以符合企业最初为该套期保值关系所确定的风险管理策略。

三、套期保值业务风险分析

公司进行的商品期货套期保值业务遵循的是锁定原材料价格风险、套期保值的原则，不做投机性、套利性的交易操作，因此在买入套期保值合约及平仓时进行严格的风险控制。商品期货套期保值操作可以降低材料价格波动对公司的影响，使公司专注于业务经营，在材料价格发生大幅波动时，仍保持一个稳定的利润水平，但同时也会存在一定风险：

1. 价格波动风险：期货行情变化较大，可能产生价格波动风险，造成期货交易的损失。

2. 资金风险：期货交易按照公司《商品期货套期保值内部控制制度》中规定权限下达操作指令，如投入金额过大，可能造成资金流动性风险，此外，在期货价格波动巨大时，公司甚至可能存在未及时补充保证金而被强行平仓带来实际损失的风险。

3. 内部控制风险：期货交易专业性较强，复杂程度较高，可能会由于内控制度不完善，如发生操作人员未按规定程序报备及审批，或未准确、及时、完整地记录相关信息，将可能导致套保业务损失或丧失交易机会而造成风险。

4. 技术风险：可能因为计算机系统不完备导致技术风险。

四、公司采取的风险控制措施

1. 公司将商品期货套期保值业务与公司生产经营情况相匹配，严格控制期货头寸。

2. 公司规定了套保方案的设计原则并规定了套保方案的具体审批权限。公司套期保值业务仅以规避生产经营中的商品价格风险为目的，不涉及投机和套利交易，同时将严格遵循进行场内交易的规定，进行套期保值业务的品种仅限于公司生产经营相关的产品或所需的原材料，套期保值的数量不能超过实际现货交易的数量，期货持仓量不能超过套期保值的现货量。

3. 公司规定期货交易员应严格按照审批确定后的套保方案进行操作，并规定了按日编制期货交易报告并提交相关审核或审批人员的制度，确保期货交易风险控制。

4. 公司以自己名义设立套期保值交易账户，使用自有资金，不会使用募集资金直接或间接进行套期保值。

5. 设立符合要求的计算机系统及相关设施，确保交易工作正常开展，当发生故障时，及时采取相应的处理措施以减少损失。

五、其他需要公告的事项

公司为进行套期保值而指定的商品期货的公允价值变动与被套期项目的公允价值变动相抵销后，导致亏损金额每达到或超过公司最近一年经审计的归属于上市公司股东净利润绝对值的 10% 且亏损金额超过 1000 万元人民币后，本公司将在两个交易日内及时披露。

特此公告。

福建圣农发展股份有限公司

董事会

二〇一六年四月二十五日

期货交易的两大功能奠定了期货市场交易模式的基础，由于期货合约价格的波动起伏，自认为聪明的，或者掌握资金优势，或者获得信息优势的交易者可以利用套利交易通过合约的价差赚取风险利润，这吸引了大量的怀着不同目的的投资者参与其中，当然也可能要承担风险损失。价格发现功能需要有众多的投机者参与，集中大量的市场信息和充分的流动性，而套期保值的功能又为企业回避风险提供了工具和手段，表现在化解农业风险方面，效果显著。如图 7-6 所示。

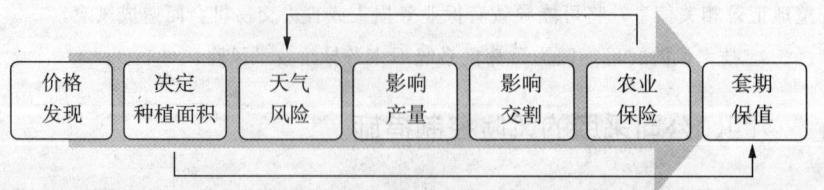

价格发现	决定种植面积	天气风险	影响产量	影响交割	农业保险	套期保值

图 7-6　期货功能化解农业风险机制

（五）基本制度

为了避免期货交易过度投机、期货价格过度波动，我国期货交易形成了以下基本制度。

1. 持仓限额制度

持仓限额制度是指期货交易所为了防范操纵市场价格的行为和防止期货市场风险过度集中于少数投资者，对会员及客户的持仓数量进行限制的制度。超过限额，交易所可按规定强行平仓或提高保证金比例。

2. 大户报告制度

大户报告制度是指当会员或客户某品种持仓合约的投机头寸达到交易所对其规定的头寸持仓限量 80% 以上（含本数）时，会员或客户应向交易所报告其资金情况、头寸情况等，客户须通过经纪会员报告。显然，大户报告制度是为了实现持仓限额而制定的预防机制。

3. 实物交割制度

实物交割制度是指交易所制定的、当期货合约到期时，交易双方将到期未平仓的期货合约所载商品的所有权按规定进行转移、交割的制度。实物交割制度是保证现货价格、期货价格最终趋于一致的保证。

4. 保证金制度

在期货交易中，交易者必须按照其所买卖期货合约价值的一定比例（通常为 5%～10%）缴纳资金，作为其履行期货合约的财力担保，然后才能参与期货合约的买卖，并视价格变动情况确定是否追加资金，这种制度就是保证金制度，所交的资金就是保证金。保证金制度既体现了期货交易的"杠杆效应"特点，扩大了期货交易规模，放大了客户交易收益的波动性程度和期货交易的风险，同时也成为交易所控制期货交易风险的一种重要手段。

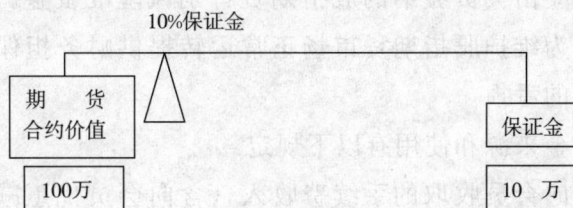

图 7-7　期货合约的杠杆效应

5. 每日结算制度

期货交易的结算是由交易所统一组织进行的。期货交易所实行每日无负债结算制度，俗称"逐日盯市"，是指每日交易结束后，交易所按当日结算价结算所有合约的盈亏、交易保证金及手续费、税金等费用，对应收应付的款项同时划转，相应增加或减少会员的结算保证金。期货交易的结算实行分级结算，即交易所对其会员进行结算，会员对其客户进行结算。

6. 涨跌停板制度

涨跌停板制度又称每日价格最大波动幅度限制制度，指期货合约在一个交易日中的交易价格波动不得高于规定的涨跌幅度，超过该涨跌幅度的报价将被视为无效、不能成交，和股票价格每日涨跌停板制度相同。

7. 强行平仓制度

强行平仓制度，是指当会员或客户的交易保证金不足、并未在规定的时间内补足，或者当会员或客户的持仓量超出规定的限额时，或者当会员或客户违规时，实行强行平仓的制度，这显然是期货交易所为了防止会员或客户期货交易风险波及自身而设定的防护机制。

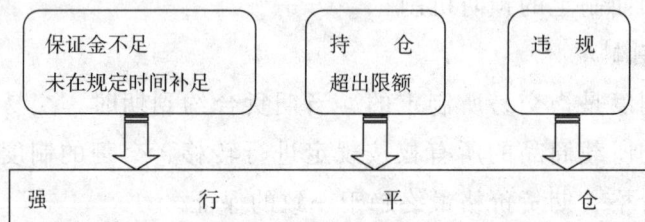

图 7-8　强行平仓

8. 风险准备金制度

风险准备金制度是指期货交易所从自己收取的会员交易手续费中提取一定比例的资金，作为交易所确保交易双方履约的备付金制度。交易所风险准备金的设立，是为维护期货市场正常运转而提供财务担保和弥补因不可预见的风险带来的亏损。交易所不但要从交易手续费中提取风险准备金，而且要针对股指期货的特殊风险建立由会员缴纳的股指期货特别风险准备金。股指期货特别风险准备金只能用于为维护股指期货市场正常运转提供财务担保和弥补因交易所不可预见风险带来的亏损。

关于风险准备金来源和使用有以下规定：

（1）交易所按向会员收取的手续费收入（含向会员优惠减收部分）20%的比例，从管理费用中提取。当风险准备金达到交易所注册资本 10 倍时，可不再提取。

（2）风险准备金必须单独核算，专户存储，除用于弥补风险损失外，不得挪作他用。风险准备金的动用必须经交易所理事会批准，报中国证监会备案后按规定的用途和程序进行。

图 7-9 期货交易所风险准备金的筹集与使用

9. 信息披露制度

信息披露制度（也称公示制度、公开披露制度），是指为保障公平、避免部分交易方利用内幕信息交易而依照法律规定必须将可能对期货价格产生重大影响的事项向社会公开或公告，以便使交易方充分了解相关信息的制度。

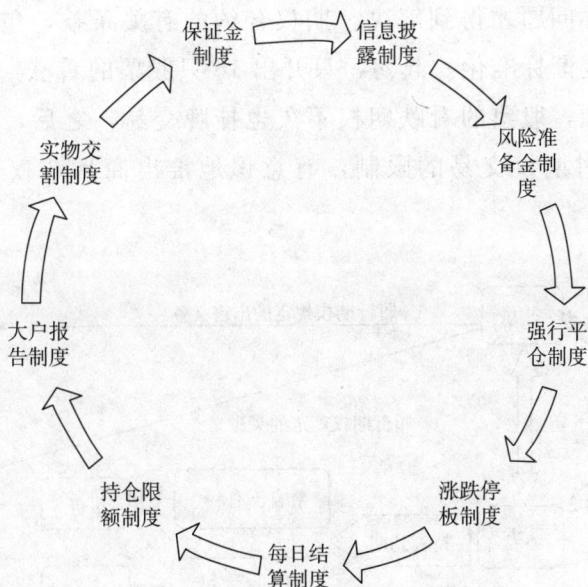

图 7-10 我国期货交易的制度系统

二、期权

（一）期权的含义

期权（Option），又称选择权，它赋予期权的买方一种能在未来特定时间以特定价格买入或卖出一定数量的特定商品或资产的权利，而对自己不利时又可放弃该权利，它分为买权（或看涨期权）和卖权（或看跌期权）。期权是在期货基础上衍生的一种金融工具，期权给予买方（或持有者）购买或出售标的资产（underlying asset）的权利，而不附带必须购买或出售的义务，即期权的买方可以在该项期权规定的时间内选择买或不买、卖或不卖的权利，他可以实施该权利，也可以放弃该权利；而期权卖方则只负有一旦买方实施权利、必须履行自己出售的期权合约规定的义务，如果买方放弃实施权利，则卖方不需要履行期权合约规定的义务，而享受到因为出售期权而带来的期权交易价格收入。

（二）期权的发展

期权交易始于 18 世纪后期的美国和欧洲市场，19 世纪 20 年代，期权自营商都是些职业期权交易者，由于交易技术不够便利，他们在交易过程中并不会连续不断地提出报价，而是仅当价格变化明显有利于他们时，才提出报价。这样的期权交易不具有普遍性，不便于转让，市场的流动性受到了很大限制。

直到 1973 年 4 月 26 日芝加哥期权交易所（CBOE）成立，执行标准化的期权合约买卖，上述问题才得到解决。期权合约的有关条款，包括合约量、到期日、执行价等都逐渐标准化。起初，只开出 16 只股票的看涨期权，很快，这个数字就成倍地增加，股票的看跌期权不久也挂牌交易，之后，美国商品期货交易委员会放松了对期权交易的限制，有意识地推出商品期权交易和金融期权交易。

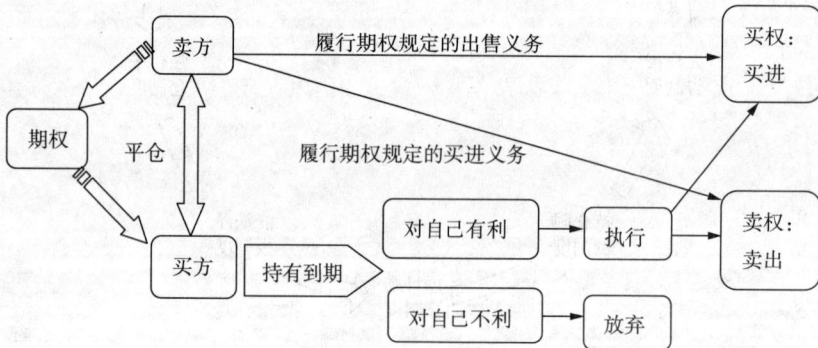

图 7 - 11　期权交易示意图

由于期权合约的标准化，期权合约可以便利地在交易所里转让给第三人，最后的履约也得到了交易所的担保，这样不但提高了交易效率，也降低了交易成本。

1983 年 1 月，芝加哥商业交易所提出了 S&P500 股票指数期权，纽约期货交易所也推出了纽约股票交易所股票指数期货期权交易，随着股票指数期货期权交易的成功，各交易所将期权交易迅速扩展至其他金融期货上。目前，期权交易所已经遍布全世界，其中芝加哥期权交易所是世界上最大的期权交易所。

20世纪末，期权场外交易市场（Over the Counter，简称OTC，柜台交易）也得到了快速发展，柜台期权交易是指在交易所外进行的期权交易，卖方一般是银行，而买方一般是银行的客户。银行根据客户的需要，设计出相关品种，因而柜台交易的品种在到期期限、执行价格、合约数量等方面具有较大的灵活性。

外汇期权出现的时间较晚，现在最主要的货币期权交易所是费城股票交易所（PHLX），它提供澳大利亚元、英镑、加拿大元、欧元、日元、瑞士法郎这几种货币的欧式期权和美式期权合约。目前外汇期权交易中大部分交易是柜台交易，中国银行部分分行已经开办的"期权宝"业务采用的是期权柜台交易方式。

（三）期权分类

根据交易方式、方向、标的物等划分标准，期权被划分为不同的期权品种。

1. 按期权权利划分为买权、卖权

买权或看涨期权（Call Options）是指期权的买方向期权的卖方支付一定数额的权利金后，即拥有在期权合约的有效期内，按事先约定的价格向期权卖方买入一定数量的期权合约规定的特定商品的权利，但不负有必须买进的义务。而期权卖方有义务在期权规定的有效期内，应期权买方的要求，以期权合约事先规定的价格卖出期权合约规定的特定商品。

中国银行期权宝

产品介绍

期权宝是中国银行个人外汇（或贵金属）期权产品之一。是指客户根据自己对外汇汇率未来变动方向的判断，向银行支付一定金额的期权费后买入相应面值、期限和协定汇率的期权（看涨期权或看跌期权），期权到期时如果汇率变动对客户有利，则客户通过执行期权可获得收益；如果汇率变动对客户不利，则不执行期权。

交易币种：美元、欧元、日元、英镑、澳大利亚元、瑞士法郎、加拿大元、黄金、白银，现钞或现汇均可。

期权面值起点金额暂定为100美元或0.1盎司黄金。

期权交易的标的汇价为欧元兑美元、美元兑日元、澳元兑美元、英镑兑美元、美元兑瑞士法郎、美元兑加元、黄金兑美元、白银兑美元。

大额客户还可以选择非美货币（不含贵金属）之间的交叉汇价作为标的汇价。

交易期限：最长期限为三个月，最短为一天，具体期限由中国银行当日公布的期权报价中的到期日决定。

产品优势

起点金额低；各期限结构丰富；多档执行价可选；支持委托挂单及提前平盘；提供主要交叉盘报价。

若您有下面情况之一，可考虑办理此项业务：

1. 需要为手中的某种外币资金保值；2. 拥有外汇存款，并对某种货币的走势有一定的预期，渴望提高收益率。

办理流程

开立中国银行外币账户；亲至中国银行理财中心与银行签订相关协议和申请书，完成风险测评；银行扣划客户期权费用；到期日银行视期权是否执行交割资金。

您可根据自己对外汇汇率未来变动方向的判断，选择：1. 交易币种；2. 期权面值，即在期权到期日行权而产生外汇买卖的金额；3. 期权到期日，即协议书中指明的期权根据市场水平决定是否执行期权的日期；

银行会与您约定协定汇率（即双方在相关协议中约定期权买方在期权到期日行权而产生外汇买卖所采用的汇率），同时您向银行支付一定金额的期权费。

期权到期时如果汇率变动对您有利，银行将代您执行期权；如果汇率变动对您不利，则不执行期权，损失仅为期权费。到期日如为非银行工作日或相关国际市场假期，则根据有关国际市场惯例调整到期日。

风险提示

到期时，汇率对您有利则执行期权，获取的期权执行收益可能无法完全抵扣期初的期权费；汇率对您不利则不执行期权，客户损失全部期权费。

卖权或看跌期权（Put Options）是指期权的买方向期权的卖方支付一定数额的权利金后，即拥有在期权合约的有效期内，按事先约定的价格向期权卖方卖出一定数量的期权合约规定的特定商品的权利，但不负有必须卖出的义务。而期权卖方有义务在期权规定的有效期内，应期权买方的要求，以期权合约事先规定的价格买入期权合约规定的特定商品。

2. 按期权行使权利的时间划分为美式期权、欧式期权、百慕大期权

美式期权是指在期权合约规定的有效期内任何时候都可以行使权利。欧式期权是指在期权合约规定的到期日方可行使权利，期权的买方在合约到期日之前不能行使权利，过了期限，合约则自动作废。百慕大期权（Bermuda option）是一种可以在到期日前所规定的一系列时间行权的期权。百慕大期权、美式期权和欧式期权的主要区别在于行权时间的不同，百慕大期权可以被视为美式期权与欧式期权的结合。

3. 按期权合约上的标的划分

如果按期权合约上的标的进行划分，可以把期权划分为股票期权、股指期权、利率期权、商品期权以及外汇期权等种类。

（四）期权的要素

1. 执行价格

执行价格（strike price，exercise price：又称履约价格、敲定价格、行使价格）：期权的买方行使权利时执行的事先规定的标的物买卖价格。

2. 权利金

权利金（premium，又称期权费、期权价格）：期权的买方支付的期权价格，即买方为获得期权而付给期权卖方的费用。权利金是由交易者在期权交易所里竞价过程中得出的，它是期权合约中的唯一变量，期权的买方为获取期权合约所赋予的权利而必须支付给卖方的费用，对于期权的买方来说，权利金是其损失的最高限度，理论上收益是无限的；对于期权卖方来说，卖出期权即可得到一笔权利金收入，而不用立即交割，但理论上收益最高为期权金，损失是无限的。

譬如，对于外汇实盘来说，在某一个时点某一个品种只有一个价格；但是对于外汇期权来说，在某一时点某一品种，由于期权面值、执行价格不同、到期日不同，往往有许多个期权价格。期权价格影响因素主要是市场供求因素和理论价值，而理论价值由内在价值、时间价值构成。

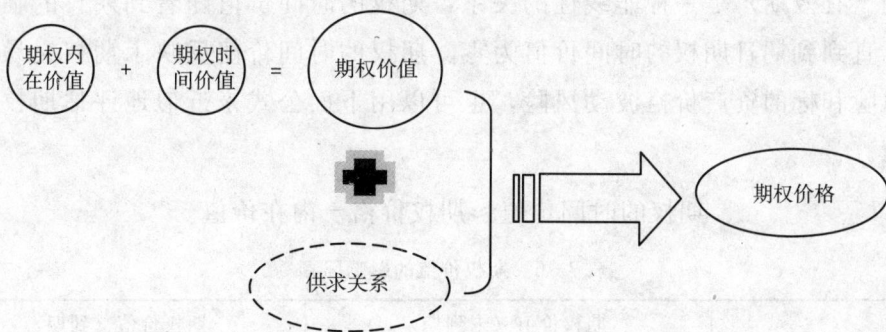

图 7-12 期权价格的影响因素

3. 期权价值

（1）内在价值

内在价值（Intrinsic Value）指立即履行合约时可获取的净收益，其大小取决于标的资产的市场价格与执行价格的关系，具体可以分为实值期权、虚值期权和两平期权。

实值期权，当买权的执行价格低于当时的实际市场价格时，或者当卖权的执行价格高于当时的实际市场价格时，该期权为实值期权，内在价值为实际市场价格与执行价格的差额的绝对值。此时，期权的买方会行使权利，这比直接在市场上交易更合算。

虚值期权，当买权的执行价格高于当时的实际市场价格时，或者当卖权的执行价格低于当时的实际市场价格时，该期权为虚值期权。当期权为虚值期权时，内在价值为零。因为，此时对于期权的买方来说，行使权利还不如直接在市场上购买划算。

两平期权，当买权的执行价格等于当时的实际价格时，或者当卖权的执行价格等于当时的实际价格时，该期权为两平期权。当期权为两平期权时，内在价值为零。

（2）时间价值

时间价值（Time Value）：期权距到期日时间越长，标的资产价格大幅度变动的可能性越大，期权买方执行期权获利的机会也越大，这种价值就是期权的时间价值。与较短期的期权相比，期权买方对较长时间的期权应付出更高的权利金。

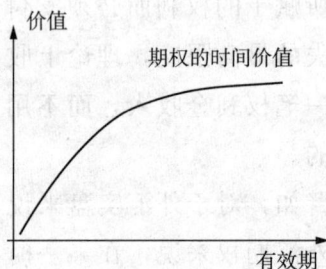

图 7 - 13 期权的时间价值

从图 7 - 13 可以看出，期权的时间价值和时间（有效期）是一种非线性的关系，期权的时间价值随着到期日的临近而减少，直到到期日期权的时间价值为零。期权的时间价值反映了期权交易期间时间风险和标的资产价格波动风险，也可以用下面公式来近似地评估期权的时间价值。

$$期权的时间价值 \approx 期权价格 - 内在价值$$

表 7 - 6　期权价值的影响因素

	期权价值（未到期）	期权价值（到期）
实值期权	内在价值＋时间价值	内在价值
虚值期权	时间价值	0
两平价值	时间价值	0

美国麻省理工学院金融学家布莱克和斯科尔斯推导出计算欧式期权公式（B－S公式），解决了欧式期权价值的计算问题，如下所示。

$$\boxed{\begin{array}{l} \textbf{B-S 公式} \\ \left\{\begin{array}{l} C\ (E)\ =SN\ (d_1)\ -Ee^{-rt}N\ (d_2) \\ d_1= \left[\ln\ (S/E)\ +\ (r+0.5\sigma^2)\ t\right]\ /\sigma t^{0.5} \\ d_2=d_1-\sigma t^{0.5} \end{array}\right. \\ \quad\text{其中,}\ C\ (E)\ \text{为欧式期权价值。} \\ \quad\text{到期时间(}T\text{)、标的资产价格收益率的标准差(}\sigma\text{)、无风险利率(}r\text{)、} \\ \text{期权合约的执行价格(}E\text{)和标的资产市场价格(}S\text{)有关。} \end{array}}$$

期权合约上的其他要素,如:合约到期日、交易品种、交易金额、交易时间、交易地点等要素都是在合约中事先规定好的或称之为标准化的。

3. 履约保证金:期权卖方必须存入交易所一定数量的资金用于一旦买方行使权利,卖方必须履约交易的保证金。

(五)期权交易的四种状况

因为期权可以分为买权和卖权,而期权交易者又有买入期权或者卖出期权两种操作,所以期权交易有四种组合策略:买进买权、卖出买权、买进卖权、卖出卖权,如图 7-14 所示。

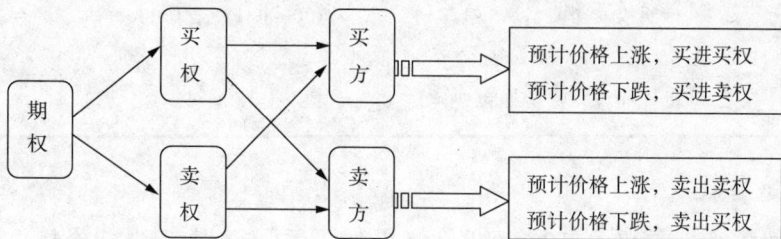

图 7-14 期权交易的四种策略

1. 买进买权

若交易者买进买权,之后市场价格果然上涨,且升至执行价格之上,则买方应该执行期权,扣除期权价格后可能会获利。从理论上说,价格可以无限上涨,所以买入看涨期权的盈利理论上是无限大。若到期一直未升到执行价格之上,则交易者可放弃期权,其最大损失为期权费。作为期权的买方,理论上盈利范围〔一期权金,+∞〕,具体来看,如果不考虑交易费用,对于买权买方来说其盈利为:

$$\text{MAX}\ \left[\text{一期权价格,市场价格一执行价格一期权价格}\right]$$

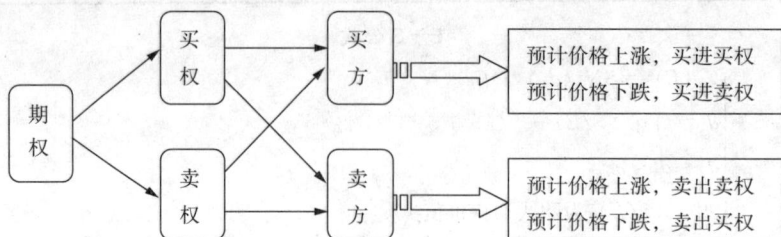

图 7-15 买权期权价格影响因素

买权交易收益的计算

假设某一期权产品，期权费率为 0.8%，协定汇率：美元兑日元为 1:110，看涨美元，期限为 2 周，期权面值为 5 万美元。某投资者持有 10 万美元资金，拟买该期权产品。在如下三种情况下，分别计算该投资者的收益为多少。

1. 到期日前，该项期权费率上涨为 1.6%，卖出该期权；

2. 到期日，美元兑日元上涨为 1:125；

3. 到期日，美元兑日元下跌为 1:108。

解：

1. $100000 \times (1.6\% - 0.8\%) = 800$ （US$）；

2. 执行期权，净收益 $= (125 - 110) \times 100000/125 - 100000 \times 0.8\% = 11200$ （US$）；

3. 不执行期权，损失期权费 $= 100000 \times 0.8\% = 800$ （US$）。

---

2. 买进卖权

若交易者买进卖权，之后市场价格果然下跌，且跌至执行价格之下，则交易者可执行期权从而可能获利，由于价格不可能跌到负数，所以买入看跌期权的最大盈利为执行价格减去期权费之差。若到期一直涨到执行价格之上，则交易者可放弃期权，其最大损失为期权费。作为期权的买方，理论上盈利范围［－期权费，执行价格－期权费］，具体来说，不考虑交易费用，卖权的买方盈利为：

$$MAX［－期权价格，执行价格－市场价格－期权价格］$$

3. 卖出买权

若交易者卖出买权，在到期日之前没能升至执行价格之上，则作为看涨期权的买方将会放弃期权，而看涨期权的卖方就会取得期权费的收入。反之，看涨期权的买方将会要求执行期权，期权卖方的损失是市场价格减去执行价格和期权费的差。作为期权卖出方，最大盈利为期权费，理论上盈利范围（－∞，期权金〕，具体来看，其盈利为：

$$买权的卖方盈利=\begin{cases}期权价格 & （市场价格\leqslant 执行价格）\\ -（市场价格-执行价格-期权价格） & （市场价格>执行价格）\end{cases}$$

4. 卖出卖权

若交易者卖出卖权，在到期日之前没能跌至执行价格之下，则作为看跌期权的买方将会放弃期权，而看跌期权的卖方就会取得期权费的收入。反之，看跌期权的买方将会要求执行期权，期权卖方的损失是执行价格减去市场价格和期权费的差。作为卖权卖出方，最大盈利为期权费，理论上的盈利范围（−∞，期权金〕，具体来看，其盈利为：

$$卖权的卖方盈利\begin{cases}-（执行价格-市场价格-期权价格） & （市场价格\leqslant 执行价格）\\ 期权价格 & （市场价格>执行价格）\end{cases}$$

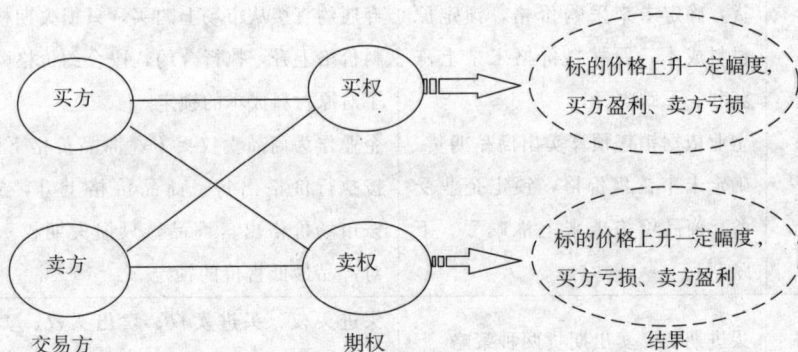

图 7-16 期权交易方的组合策略

（六）期货、期权的比较

期权是在期货的基础上衍生出来的，但二者在诸方面又不相同，见表7-7所列。

表 7-7 期货与期权的比较

	期货	期权
标的物	商品或期货合约，买卖双方都有义务	商品或期货合约的买卖权利，买方只有权利而没有义务，卖方只有义务而没有权利
投资者权利与义务	双向合约，交易双方都要承担期货合约到期交割的义务，如不愿实际交割，则必须在存续期内对冲平仓	单向合约，买方在支付期权金后即取得履行或不履行买卖期权合约的权利，而不必承担义务；卖方获得期权金后承担买方履行合约时的出售或买进的义务

（续表）

	期货	期权
履约保证	合约的买卖双方都要交纳履约保证金	只要求卖方交纳履约保证金，买方支付的是期权价格
支付方	买卖双方都要交纳期货合约价值的 5%～10%的初始保证金，在交易期间还要根据价格变动对亏损方收取追加保证金；盈利方则可提取多余保证金	买方向卖方支付期权金，大约为交易合约价格的 0.5%～10%；期权合约可以流通，期权价格可能随时在变化
盈亏范围	买方理论收益∈［－价值总额，+∞) 卖方理论收益∈（－∞，价值总额］	见上述期权买方、卖方收益范围描述
企业套期保值效果	企业依据生产预算买进原材料期货，确定未来采购价格，锁定原材料成本，原材料价格未来上涨获利、下跌吃亏； 企业依据销售预算卖出商品期货，确定未来销售价格，锁定企业受益，商品价格未来上涨吃亏、下跌获利	企业作为原材料买权买方，原材料价格下降，放弃履约直接从市场上购买，只损失期权金；原材料价格上升，执行合约，按合约价格购买。做到了对原材料成本的锁定。 企业作为商品卖权买方，商品价格下降，履约，按执行价格出售；商品价格上升，放弃履约，按市场价格出售商品，只损失期权费。做到了对产品最低售价的锁定
交易策略	买进期货、卖出期货两种策略	买进买权、买进卖权、卖出买权、卖出卖权四种交易策略

三、股票期权激励计划

（一）股票期权激励计划的含义

股票期权激励计划（stock option incentive plan）（简称为股权激励）：在未来满足事先设定的条件下，管理者获得按一定价格购买股票权利的一种激励机制。股权激励的理论依据：股东和管理者目标之间的矛盾和有效监督不足，使用股权激励手段缓解股东和管理者的矛盾并弥补有效监督的不足，即：股东为达到所持股权价值的最大化，在所有权和经营权分离的现代企业制度下，实行股权激励，让管理者的目标和股东目标趋于一致。

具体实施过程是：公司董事会在股东大会的授权下，代表股东与以 CEO 为首的激励对象签订协议，当激励对象完成一定的业绩目标或因为业绩增长、公司股价有一定程度上涨，公司以一定优惠的价格授予激励对象股票或授予其以一定价格在有效期内购买公司股票，从而使其因为股价上升而获得一定收益，促进激励对象为股权价值增值而努力，实现股东和管理者目标的一致性。

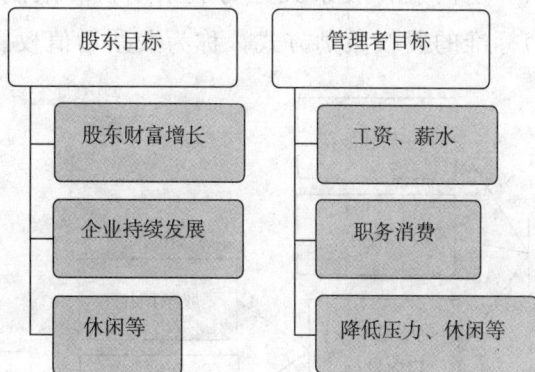

图 7-17　股权激励实施前股东与管理者目标之间的矛盾

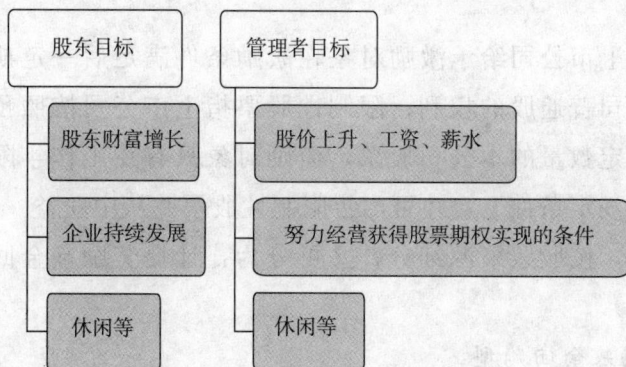

图 7-18　股权激励计划实施后股东和管理者目标之间的矛盾的缓解

2005 年，为配合股权分置改革，证监会推出了《上市公司股权激励管理办法（试行）》，并且 2005 年新修订的《公司法》规定，公司在减少公司注册资本、将股份奖励给本公司职工等情况下可以收购公司股份，这为公司进行股权激励提供了政策、法律环境。2015 年 12 月 18 日，证监会公布的《上市公司股权激励管理办法（征求意见稿）》也做了类似的规定。

自 2005 年 12 月证监会发布《上市公司股权激励管理办法（试行）》后，A 股上市公司进行股权激励已经成为常态。统计数据显示，截至 2014 年 8 月 15 日，共有 556 家上市公司实施股权激励计划，占 A 股上市公司比重达 21.8%，涉及总金额共计 739 亿元。

（二）股权激励的分类

如果从股票来源分类，股权激励方案可分为股东转让股票和上市公司向激励对象定向发行股票，定向发行股票又分为股票期权和限制性股票。另外，还有一种以虚拟股票为标准的股权激励方式，称为股票增值权。

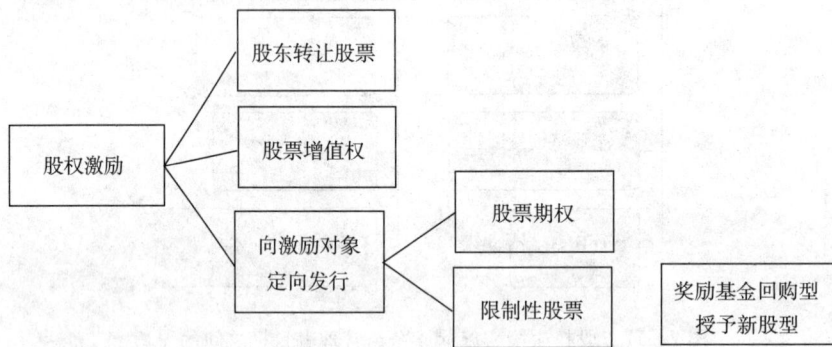

图 7-19　股权激励方案分类

股票期权是上市公司给予激励对象在激励条件满足后一定期限内以事先约定的价格购买公司普通股的权利；限制性股票指上市公司按照预先确定的条件授予激励对象一定数量的本公司股票，激励对象只有在工作年限或业绩目标符合股权激励计划规定条件下，才可出售限制性股票并从中获益。

限制性股票，按股票来源细分，又可分为：计提奖励基金回购型和授予新股型（定向发行）。

1. 计提奖励基金回购型

公司业绩达到股权激励计划约定的奖励基金提取条件后，公司提取奖励基金，从二级市场回购本公司股票，再等到符合股票授予条件时（如业绩条件或股价条件），公司将回购的股票无偿赠予激励对象。

2. 授予新股型

当公司业绩满足股权激励计划条件时，激励对象按照一定的价格（授予价格）购买公司股票时，该授予价格一般比市价要低。即当业绩条件满足时，允许激励对象在一定的期间内以计划确定的价格购买公司股票。如果股价高涨，激励对象将获得巨大利益；同时对公司而言，激励对象行权也是一种定向增发，为公司筹得一定数量的股权资金。以下以华联控股实施股权激励为例来说明限制性股票期权的授予过程。

华联控股股份有限公司关于限制性股票激励计划首次授予登记完成公告

本公司及董事会全体成员保证信息披露的内容真实、准确、完整，没有虚假记载、误导性陈述或重大遗漏。

根据中国证监会《上市公司股权激励管理办法（试行）》、深圳证券交易所、中国证券登记结算有限责任公司深圳分公司有关规则的规定，华联控股股份有限公司（以下简称"本公司"、"公司"或"华联控股"）完成了《华联控股股份有限公司限制性股票激励计划（草案）》限制性股票首次授予的登记工作，现将有关情况公告如下：

1. 限制性股票的授予情况

（1）本次限制性股票的授予日为：2015年6月9日；

（2）本次限制性股票的授予价格为：2.68元/股；

（3）本次限制性股票激励计划向45名激励对象授予限制性股票1660万股，首次授予激励对象包括公司董事、中高级管理人员和其他核心技术（业务）人员。

（4）股票来源：本公司向激励对象定向增发公司股票1660万股，占目前公司总股本的1.48%。涉及的标的股票种类为人民币A股普通股。

（5）本次股票的有效期、锁定期

① 本计划有效期自限制性股票授予之日2015年6月9日起至激励对象获授的限制性股票全部解锁或回购注销之日止，最长不超过4年。

② 激励对象获授限制性股票之日起12个月内为锁定期。授予的限制性股票自授予日起满12个月后，满足解锁条件的，激励对象可以分三期解锁。具体解锁安排如下表所示：

	解锁时间	可解锁数量占限制性股票数量比例（%）
第一次解锁	自首次授予日起满12个月后的首个交易日至首次授予日起24个月内的最后一个交易日止	30
第二次解锁	自首次授予日起满24个月后的首个交易日至首次授予日起36个月内的最后一个交易日止	30
第三次解锁	自首次授予日起满36个月后的首个交易日至首次授予日起48个月内的最后一个交易日止	40

在解锁日，公司为满足解锁条件的激励对象办理解锁事宜，未满足解锁条件的激励对象持有的限制性股票由公司回购注销。

（6）解锁业绩考核要求

① 公司业绩考核要求

本计划授予的限制性股票，在解锁期的 3 个会计年度中，分年度进行绩效考核并解锁，以达到绩效考核目标作为激励对象的解锁条件。解锁期业绩考核如下：

净利润以扣除非经常性损益后的净利润作为计算依据。

锁定期内归属于上市公司股东的净利润及归属于上市公司股东的扣除非经常性损益的净利润均不得低于授予日前最近三个会计年度的平均水平且不得为负。

由本次限制性股票激励产生的激励成本将在经常性损益中列支。若解锁条件未达成，则公司按照本计划回购限制性股票并注销。

② 激励对象层面考核要求

根据公司制定的《华联控股股份有限公司限制性股票激励计划实施考核管理办法》，若激励对象在解锁的上一年度考核结果为"合格"及以上，激励对象可按照限制性股票激励计划的规定按比例分批次解锁；若激励对象上一年度个人绩效考核为不合格，公司将按照限制性股票激励计划的规定，取消该激励对象当期解锁额度，限制性股票由公司回购并注销。

（7）首次获授限制性股票激励对象名单及数量

公司本次限制性股票激励计划首次授予的激励对象共 45 人，授予 1660 万股，占公司目前股本总额的 1.48%。分配明细如下：

姓名	职务	获授的限制性股票数量（万股）	占授予限制性股票总数的比例（%）	占目前总股本的比例
董炳根	董事长	120	6.32	0.11
丁跃	副董事长	100	5.26	0.09
胡永峰	副董事长	100	5.26	0.09
徐笑东	董事、总经理	80	4.21	0.07
范炼	董事	50	2.63	0.04
李云	董事	50	2.63	0.04
张梅	董事	50	2.63	0.04
倪苏俏	董事	50	2.63	0.04
苏秦	副总经理、财务负责人	50	2.63	0.04

其他管理层获授的限制性股票状况省略。

（8）关于本次限制性股票授予已履行的相关程序

① 2015 年 4 月 16 日，公司第八届董事会第十一次会议审议通过了《华联控股股份有限公司限制性股票激励计划（草案）及其摘要》，公司第八届监事会第十次会议审议上述议案并对公司本次股权激励计划的激励对象名单进行核实，公司独立董事就本次股权激励计划是否有利于公司的持续发展及是否存在损害公司及全体股东利益的情形发表独立意见。

② 公司于 2015 年 5 月 11 日召开第八届董事会第十四次会议，审议通过了《华联控股股份有限公司关于召开 2014 年度股东大会的通知》。

③ 2015 年 6 月 3 日，公司 2014 年度股东大会审议并通过了《华联控股股份有限公司限制性股票激励计划（草案）及其摘要》、《华联控股股份有限公司限制性股票激励计划实施考核管理办法》、《关于提请股东大会授权董事会办理公司限制性股票激励计划相关事宜的议案》。

④ 2015 年 6 月 9 日，公司第八届董事会第十五次会议和第八届监事会第十三次会议审议通过了《关于对限制性股票激励计划进行调整的议案》、《关于向激励对象授予限制性股票的议案》。公司独立董事对此发表了独立意见，认为激励对象主体资格确认办法合法有效，确定的授予日符合相关规定。

（9）激励对象名单及获授的权益数量与前次公示情况一致性的说明

公司股权激励计划中激励对象名单及其获授并登记的权益数量与公司 2015 年 6 月 11 日在巨潮资讯网（www.cninfo.com.cn）公示的《公司限制性股票激励计划激励对象名单》完全一致。

2. 本次授予股份认购资金的验资情况

大华会计师事务所（特殊普通合伙）于 2015 年 6 月 12 日出具了《关于华联控股股份有限公司的验资报告》（大华验字 2015000466 号），该验资报告内容摘录如下：

经审验，截至 2015 年 6 月 10 日 16 时 25 分止，华联控股已收到股权激励对象共计 45 人缴纳的新增注册资本人民币 16600000.00 元（大写：壹仟陆佰陆拾万元整），全部以货币资金出资。各股东合计以货币形式出资总额为人民币 44488000.00 元（大写：肆仟肆佰肆拾捌万捌仟元整）。

同时我们注意到，华联控股本次增资前的注册资本为人民币 1123887712.00 元，股本为人民币 1123887712.00 元，已经深圳大华天诚会计师事务所审验，并于 2006 年 6 月 27 日出具深华（2006）验字 036 号验资报告。截至 2015 年 6 月 10 日 16 时 25 分止，变更后的注册资本为人民币 1140487712.00 元，累计股本为人民币 1140487712.00 元。

3. 本次授予限制性股票的上市日期

本次股权激励计划的首次授予日为 2015 年 6 月 9 日，首次授予限制性股票的上市日期为 2015 年 7 月 7 日。

4. 股本结构变动情况表

本次授予前后公司股本结构的变化情况对比表如下：

项目	本次变动前		本次变动	本次变动后	
	数量（股）	占总股本比例（%）	增加额（股）	数量（股）	占总股本比例（%）
有限售条件股份	7,500	0.00	16,600,000	16,607,500	1.46
无限售条件股份	1,123,880,212	100		1,123,880,212	98.54
合　计	1,123,887,712	100	16,600,000	1,140,487,712	100

本次限制性股票授予完成后，公司股权分布仍具备上市条件。

5. 收益摊薄情况

公司本次限制性股票授予后，按新股本 1140487712 股摊薄计算，2014 年度每股收益为 0.03 元。

6. 公司控股股东股权比例变动情况

公司本次限制性股票授予登记完成后，公司总股本变更为 1140487712 股，公司控股股东华联发展集团有限公司持有本公司股权比例由 31.32% 降低至 30.87%。华联发展集团有限公司仍为本公司第一大股东，本次限制性股票授予不会导致本公司控股股东发生变化。

7. 募集资金使用计划及说明

本次向激励对象定向发行限制性股票所募集的资金将全部用于补充公司流动资金。

华联控股股份有限公司董事会 2015 年 6 月 12 日

（三）授予对象

1. 确定依据

根据《公司法》《证券法》《上市公司股权激励管理办法》及其他有关法律、行政法规和《公司章程》的规定，结合公司实际情况确定股票期权激励计划的对象。

2. 实际激励对象的确定

2015年11月公布的《上市公司股权激励管理办法（征求意见稿）》规定，激励对象可以包括上市公司的董事、高级管理人员、核心技术人员或者核心业务人员，以及公司认为应当激励的其他员工，但不应当包括独立董事和监事。

在境内工作的外籍员工任职上市公司董事、高级管理人员、核心技术人员或者核心业务人员的，可以成为激励对象。单独或合计持有上市公司5%以上股份的股东或实际控制人及其配偶、直系近亲属，不宜成为激励对象。

下列人员不得成为激励对象：

（1）最近12个月内被证券交易所认定为不适当人选；

（2）最近12个月内被中国证监会及其派出机构认定为不适当人选；

（3）最近12个月内因重大违法违规行为被中国证监会及其派出机构行政处罚或者采取市场禁入措施；

（4）具有《公司法》规定的不得担任公司董事、高级管理人员情形的；

（5）其他法律法规规定不得参与上市公司股权激励的；

（6）中国证监会认定的其他情形。

（四）标的股票来源、数量

用于股权激励的限制性股票可以采用计提奖励基金回购、定向发行，但是如果仅是通过计提奖励基金回购股票的形式实行股权激励的，在董事会通过股权激励计划时，只能确定计提奖励基金的比例，不能确定股票数量，因为股价是波动的；股票期权只能采用向激励对象定向发行，但在股权激励计划中可以确定数量。

《上市公司股权激励办法（征求意见稿）》对数量规定：上市公司全部有效的股权激励计划所涉及的标的股票总数累计不得超过公司股本总额的10%。非经股东大会特别决议批准，任何一名激励对象通过全部有效的股权激励计划获授的本公司股票累计不得超过公司股本总额的1%。

计提激励基金型限制性股票以及计提奖励基金的股票期权，都需要计提奖励基金。

（五）授予价格、行权价格

授予价格是对于限制性股票来讲的，即公司向激励对象以低于股票市场价格的价格定向发行新股，在未来满足一定解锁条件后可以出售股票，显然，股价越高，获利越多，如何让股价更高，只有努力工作使得企业发展速度提高、获利能力增强，从而实现股权激励目的。股权激励的授予价格对激励对象具有重要意义，既能决定激励对象的激励额度、激励程度、对企业发展所起的作用，也是监管层关注的重要内容。

行权价格是对于股票期权来说的，即公司赋予激励对象在未来满足一定行权条件后有权利按行权价格购进公司回购的股票，并在锁定期后按照市场价格出售，激励机制和授予价格激励机制类似。

《上市公司股权激励办法（试行）》规定，上市公司授予的限制性股票行权价格≥MAX［股权激励计划草案摘要公布前一个交易日的公司标的股票收盘价，股权激励计划草案摘要公布前30个交易日内公司标的股票的平均收盘价］，实践中有些公司出于股权激励能起到真正激励效果和向市场传达高管对公司的信心的目的，通常行权价格还高于价格较高者10%或5%。但是，另外一方面，如果行权价格定得过高，如果在行权期内股价长期低于行权价格，激励对象如果行权不如直接从市场上购买，这样股权激励计划实际上就失败了，反而达不到任何激励效果。

（六）行权条件

实施股权激励的根本目的是调动管理人员的积极性，使得管理者和股东目标趋于一致，实现股权价值最大化。因此，股权激励授予股票或行权时一般都设有条件，主要是业绩条件，如净利润增长率、利润增长率、净资产收益率（ROE）、市值等。

《上市公司股权激励管理办法（征求意见稿）》关于对授予价格的规定

上市公司在授予激励对象限制性股票时，应当确定授予价格或授予价格的确定方法。授予价格不得低于股票票面金额，且原则上不应低于下列价格较高者：

1. 股权激励计划草案公布前1个交易日的公司股票交易均价的50%；

2. 股权激励计划草案公布前20个交易日、60个交易日或者120个交易日的公司股票交易均价之一的50%。

上市公司采用其他方法确定限制性股票授予价格的，应在股权激励计划中对定价依据及定价方式做出说明。

回购尚未解除限售的限制性股票，并按照《公司法》的规定进行处理。回购价格不得高于授予价格。

瑞丰光电股权激励

1. 授予日：2012 年 12 月 20 日

2. 授予价格：公司授予激励对象每一股限制性股票的价格为：6.81 元，授予激励对象每一份股票期权的行权价格为：13.99 元。

3. 激励对象名单及授予数量：鉴于激励对象陈健平和陶贤文自愿放弃激励资格，根据公司激励计划的相关规定，公司对激励对象和首次获授的权益数量进行了调整，首次授予股票期权与限制性股票的激励对象从 43 人调整为 41 人，首次授予股票期权的总数由 266 万份调整为 259 万份，首次授予限制性股票总数由 230 万股调整为 223 万股。

4. 股票来源：激励计划授予激励对象的标的股票来源为向激励对象定向发行新股。

5. 股票期权行权安排和限制性股票解锁安排：首次授予的权益工具自首次授予日起 12 个月后，满足行权/解锁条件的，激励对象在未来的 36 个月内分三期申请行权/解锁。

6. 本次授予限制性股票的上市日期：2013 年 1 月 21 日

　　证监会在股权激励有关事项备忘录中对业绩指标进行了要求：设定的行权指标须考虑公司的业绩情况，原则上实行股权激励后的业绩指标（如：每股收益、加权净资产收益率和净利润增长率等）不低于历史水平；以公司市值做考核指标的，公司各考核期内的平均市值增长率水平不低于同期市场综合指数或成分股指数增长率；行业比较指标，如公司业绩指标不低于同行业平均水平。设立这些条件的目的是：如果股权激励条件过低，管理层不经努力就能达到，不能实现激励的目的，而是变相地向管理层输送利益。当然，也有企业不把业绩作为股权激励授予的条件，其股权激励的目的是为了降低监督的难度，如奥克斯集团股权激励所示。

（七）关于限售

　　《上市公司股权激励管理办法（征求意见稿）》对于限售期和解除限售进行了如下规定：

奥克斯集团的股权激励

　　奥克斯集团作为母公司以拟上市子公司宁波三星电气股份有限公司股权作为激励标的、将五年的"在岗"年限设定为基础、将个人行为毁损公司利益等设定为底线、违反者将被"没收"股权证券化所获得高额溢价。

　　发审委于 2011 年 4 月 27 日审核宁波三星电气股份有限公司的首发申请，招股书最大看点之一是其上市前的股权激励方案。从招股书可以看出，2009 年 3 月，奥克斯集团制定《奥克斯集团忠诚激励计划书》，对奥克斯集团及三星电气的高管以及其他员工（以下简称"激励对象"）实施忠诚激励计划，即奥克斯集团授予激励对象以预先确定的价格和条件购买三星电气一定数量股份的权利，但同时需承担在奥克斯集团或三星电气工作一定年限的义务。

首先，授予激励对象的股份数量上限为 1000 万股，股份来源为奥克斯集团通过宁波高胜投资所持的三星电气股份，股份转让价格为三星电气截至 2008 年 12 月底每股净资产 1.91 元。

其次，奥克斯集团要求激励对象承诺，自取得三星电气股份之日起，在奥克斯集团及其下属子公司工作服务期限满五年，且在任职期间，不能发生因受贿、索贿、贪污、盗窃、泄露经营和技术秘密等损害公司利益、声誉等违法违纪行为，并造成重大损失，或者因个人犯罪行为被依法追究刑事责任，并造成较大损失。

若激励对象违反上述承诺，将接受惩罚性安排，即在三星电气未上市前，激励对象将拥有的三星电气股份按每股 1.91 元的价格回售给奥克斯集团；在三星电气上市后，激励对象无须回售股权，但应将持有该部分股份所获溢价收益在约定期限内以现金方式支付给奥克斯集团。

限制性股票授予日与首次解除限售日之间的间隔不得少于 1 年。在限制性股票有效期内，上市公司应当规定分期解除限售，每期时限不得少于 1 年，各期解除限售的比例不得超过激励对象获授限制性股票总额的 50%。

当期解除限售的条件未达到的，或者其他终止实施股权激励计划的情形或激励对象未达到解除限售条件的，限制性股票不得解除限售或递延至下期解除限售，上市公司应当回购尚未解除限售的限制性股票，并按照《公司法》的规定进行处理，回购价格不得高于授予价格。

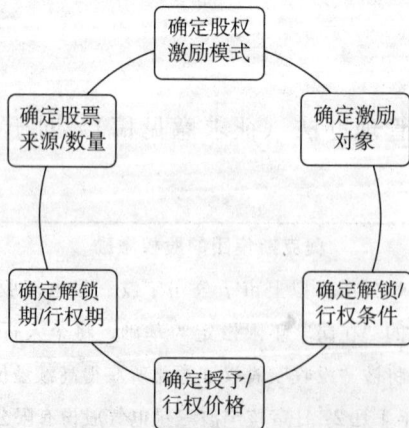

图 7-20 股权激励计划实施示意图

（八）股权激励计划未能实施的原因

股权激励计划制定后，有可能最终需要放弃，原因主要有两方面：一是未能满足股权激励计划实施的条件，通常企业没有实现要求的业绩条件；二是股价低于行权价格，即使实施股权授予，激励对象也无利可图，如下案例所示。

蓝思科技取消股票期权计划

2015 年 7 月 18 日，为在股市震荡期间稳定股价，蓝思科技推出股票期权激励计划，拟向 368 名激励对象合计授予 220.60 万份股票期权，约占激励计划签署时公司股本总额 67336.00 万股的 0.3276%，行权价格为 105.14 元。根据蓝思科技披露的股票期权激励方案，制定的行权价格为激励方案公布前一个交易日收盘价或方案公布前 90 个交易日平均收盘价间的较高值。

股票期权激励计划推出后，在 A 股市场震荡大环境下，蓝思科技的股价也屡创新低，一度跌至 53.73 元/股。

蓝思科技（300433.SZ）2016 年 4 月 25 日公告，拟向 368 名激励对象合计授予 220.60 万份股票期权计划，因行权价格高于现阶段股价而取消。

蓝思科技公告称，2015 年下半年，国内股票市场发生较大波动，为积极响应监管部门关于维护、稳定资本市场的倡议与号召，公司推出了股票期权激励计划。但自计划推出以来，国内资本市场整体环境未出现明显好转，公司股票期权激励计划的行权价格长期高于股格，且市场环境的前景目前仍不明朗，继续实施本次激励计划将难以达到预期的激励效果。

蓝思科技称，本次股票期权激励计划尚未实施，因此不会对公司财务状况和经营成果产生重大影响。公司终止本次股权激励计划，并不代表董事会、管理团队对公司和国内资本市场失去信心，相反，公司将继续积极探索和研究各种有效激励方式，在适当的时机和条件下，重新推出股票期权或限制性股票激励计划，调动核心骨干人员的工作积极性、创造性，促进公司持续、健康、稳定发展。

四、案例分析：正泰电器股权激励

2010 年 1 月 20 日，公司发布股票期权激励计划和股票增值权激励计划，公司拟向激励对象授予 1823.22 万份股票期权，占公司总股本 1.81%，其中首次授予 1640.90 万份，激励对象主要包括公司董事、高级管理人员以及主要技术人员共 208 人，预留 182.32 万份，预留部分的授予激励对象由董事会提出；同时公司拟授予 20 万份股票增值权，激励对象为公司董事、副总裁刘时祯。股票期权有效期为自股票期权授予日起 7 年，等待期为 2 年，股票期权的行权价格为 22.43 元。

1. 行权条件。此次公司授予的股票期权（包括预留部分）在行权期的四个会计年度中,分年度进行绩效考核并行权,行权条件为每年净资产收益率不低于10%,四年净利润复合增长率不低于10%,营业收入复合增长率不低于10%。公司设定较低行权条件的主要目的是通过授予股权激励对象公司股票期权,保留住公司管理层以及主要技术骨干力量,维持公司运营稳定。从公司发展历史来看,公司也一直是通过分散公司股权留住公司管理层及主要技术骨干等中坚力量,而公司也是依靠这些中坚力量逐步发展壮大,此次公司授予激励对象股权,也是延续公司一直贯彻的发展方针,通过授予公司管理层以及主要技术骨干股票期权,充分激励他们的积极性,有利于公司保持稳定发展。

2. 激励对象。公司此次股权激励对象共208人,包括公司董事、高级管理人员以及主要技术人员,激励对象范围几乎涵盖了公司经营管理的所有中高层人员。

3. 预留股权。公司此次授予的股票期权包括首次授予股票期权与预留部分,其中首次授予1640.90万份,占拟授予股票期权总数的90%,预留182.32万份,占拟授予股票期权总数的10%。公司此次预留的股票期权将在未来一年内授予新引进及晋升的中高级管理人才及公司核心骨干,公司此举有利于激励公司目前尚未获得股票期权但具有较大潜力员工的积极性,提高公司经营效率,提升公司业绩,因实施股权激励所带来费用的增加将远低于因实施股权激励所带来的业绩提升,因此公司此举是收获人才与业绩的一举两得之举。

4. 行权价格。公司此次行权价格为22.43元,而目前公司股票价格为21.71元。(资料来源:360搜索)

阅读以上材料,请回答以下问题:

1. 董监高和核心技术人员都是企业的重要员工,正泰电器为何没把监事确定为股权激励授予对象?

2. 如何理解:行权期的四个会计年度中,分年度进行绩效考核并行权,行权条件为每年净资产收益率不低于10%,四年净利润复合增长率不低于10%,营业收入复合增长率不低于10%。这种行权条件对于正泰电器来说是过于严格还是宽松?

3. 公司为什么要预留一部分股份?

4. 设置的行权价格高于推出股权激励计划时的股价,如何理解?

5. 结合本案例说明,股票期权计划和员工持股计划的区别与联系。

参 考 文 献

［1］McDonald J，Fish A. New-Issue Stock Price Behavior ［J］. Joural of Finance，1972，27.

［2］Garfinkel J. IPO Underprice，Insider Selling and Subsequent Equity Offerings：Is Underpricing a Signal of Quality？ ［J］. Financial Management，1978，22.

［3］傅元略. 中级财务管理 ［M］. 上海：复旦大学出版社，2011.

［4］托马斯·E·科普兰，J·弗莱德·维斯顿. 财务理论与公司政策 ［M］. 大连：东北财经大学出版社，2003.

［5］Franco Modiglani，Merton H Miller. Corporate Income Taxes and the Cost of Capital：A Correction ［J］. American Economic Review，1963，53：433.

［6］郑长德. 企业资本结构理论与实证研究 ［M］. 北京：中国财政经济出版社，2004.

［7］Franco Modiglani，Merton H Miller. The Cost of Capital，Corporation Finance and The Theory of Investment. American Economic Review，1958，48：261－297.

［8］Franco Modiglani，Merton H Miller. Replay to Hein and Sprenkle. American Ecomomican Review，1969，59：592－595.

［9］Merton H Miller. Debt and Taxes. The Joural of Finance，1977，2（32）：261－275.

［10］Eugene F Fama. Efficient Capial Markets：A Review of Theory and Empirical Work. Joural of Finance，1973.

［11］McDonald J，A Fisher，New-Issue Stock Price Behavior. Joural of Finance，1972，27：97－102.

［12］Jensen，Michael C，William Meckling. Theory of Firm：Managerial Behaviour，Agency Cost，and Ownership Structure. Joural of Finance Economics，1976，3：305－360.

[13] Myers，Stewart C. Determinants of Corporate Borrowing. Joural of Financial Economics，1977，5：147 – 175.

[14] Carpentier C. The Valuation Effects of Long-Term Changes in Capital Structure [J] . International Joural of Managerial Finance，2006，2（1）：4 –18.

[15] Ross S A. The Determination of Financial Structure：The Incentive-Signalling Approach [J] . The Bell Joural of Economics，1977：23 – 40.

[16] Masulis R W. The Impact of Capital Structure Change on Firm Value：Some Estimates [J] . The Joural of Finance，1983，38（1）：107 – 126.

[17] Harrism，Raviva. Corporate Control Contests and Capital Structure [J] . Joural of Financial Economics，1988，20：55 – 86.

[18] 张迺英，朱益益. 中小企业债务融资与公司价值关系研究 [J] . 上海管理科学，2014，36（4）：8.

[19] 荆新，王化成，刘俊彦. 财务管理学 [M]，中国人民大学出版社（第六版），2012.

[20] 李晓慧，何玉润. 内部控制与风险管理：理论、实务与案例[M] . 中国人民大学出版社，2012.

[21] 肖刚，夏连虎，余磊. 财务管理 [M] . 东北师范大学出版社，2012.

后　记

　　五年前的想法，终于成型。但我掩卷沉思，心里惴惴不安，总感觉并没有达到完美的结果：是文笔不够优美，还是部分内容过于艰涩？是疏漏错误频出，还是创新不足？或许是以上兼而有之。但无论如何，我不得不就此截稿，因为总感觉财务理论博大精深、难以全面述及，何况已经腹中空空，无话可说了，不就此打住，还能无病呻吟？

　　幸亏有诸位前辈的引导和鼓励，有同行的大度和不倦的教诲，有学生的指点江山、激扬文字，有我国企业生动、新鲜的经验和精彩的案例，才得以完成此书，真心感谢！如果有章节混乱、逻辑错误，请一定批评指正、面授真知灼见。作为一个才疏学浅、资历匮乏又有所想法、欲传一家之言的路盲者，除了仰仗高人的提携外，只能敲打着路面、摸索前进了。

　　书中内容既有对诸位前辈成果的整理，以便于本科中级财务管理的日常教学，又有一些自己幼稚的对财务理论的新的理解、新的命题、推导和结论。由于查阅原著的难度、知识的相互覆盖和个人懒惰性情，部分引文只列出了相关的参考文献，恳请各位大家原谅。如果说本书对财务理论有所创新的话，可能主要表现为：米勒模型风险补偿命题的拓展、利用财务理论对新近发生案例的分析、中级财务管理学知识体系的重新解构和知识结构的安排。当然，再渺茫的天空也有几颗闪烁的星星，尽管可能有时被天上的云儿遮挡、被城市的灯光黯淡了弱弱的星光，但它就在那里，有些个人不成熟的观点和幼稚的想法还散落于书中的角落里，全凭你的慧眼去发现。

　　曾经读过周溯源先生的《文章五境界》，那真是好文章。他在该文中提出，一篇好文章要达到的标准："第一要准确明白，第二要简洁不啰唆，第三要有点新东西。至于生动形象、质朴自然，能做到更好，一时做不到也不必花费精力过分追求。文章力求义理新，如做不到义理新，就得有新材料；没有新材料，就得有新方法；没有新方法，就得有新角度；没有新角度，就得有新表述；没有新表述，就得有新词语。总之，要有点新东西，有几句在别处没有见过的话，才有可读性，读过之后才能给读者留下好的印象。"写到此处，我暗问自己，我做到了吗？显然没有全部达到五个标准，或者说离这个标准还很远，幸亏我们有一颗远行的心，只能星夜兼程，尽快缩短这个距离了。班固说，"凡著诸竹帛者皆为文章"，以此为标准，看来可以及时付梓了。

最后借用一句俗语共勉：不忘初心，方得始终。

王兴球

2016 年 5 月 11 日

于安徽阜阳师范学院